열등감을
물는
십대에게

열등감을 묻는 십대에게

너보다 나보다, 나니까 너니까, 단단한 우리를 위한 비교 안내서

세상을 묻는 십대

초판 1쇄 인쇄 2022년 7월 15일
초판 1쇄 발행 2022년 7월 26일

글쓴이	박진영 안윤지
그린이	JUNO
펴낸이	이영선
책임편집	김영아
편집	이일규 김선정 김문정 김종훈 이민재 김영아 이현정 차소영
디자인	김회량 위수연
독자본부	김일신 정혜영 김연수 김민수 박정래 손미경 김동욱

펴낸곳 서해문집 | 출판등록 1989년 3월 16일(제406-2005-000047호)
주소 경기도 파주시 광인사길 217(파주출판도시)
전화 (031)955-7470 | 팩스 (031)955-7469
홈페이지 www.booksea.co.kr | 이메일 shmj21@hanmail.net

열등감을 묻는 십대에게

너보다 나보다,
나니까 너니까,

단단한 우리를 위한
비교 안내서

박진영 안윤지 글 | JUNO 그림

서해문집

Part3 다른 사람이 나보다 못하면 행복해질까?

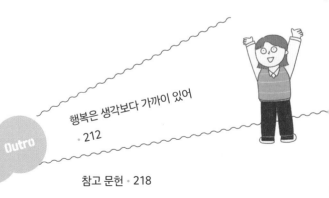

열등감을 느끼는 건
자연스러워,
그런데 말이야...

1 현서는 아침에 일어나면 가장 먼저 침대 옆에 놓인 스마트폰을 켜고 자신의 소셜미디어를 확인해요. 어제 올린 사진에 '좋아요'가 몇 개인지, 댓글이 몇 개나 달렸는지 살펴보는 거죠. 그 후에는 다른 친구들이 어떤 게시물을 올렸는지, 그 게시물에 '좋아요'나 댓글은 몇 개인지도 확인합니다. 그러다 자신의 게시물보다 다른 친구들의 게시물에 댓글도, '좋아요'도 더 많은 걸 보면 자신에게 무슨 문제가 있는 걸까 하고 걱정하며 괜히 우울해지곤 해요. 다른 친구들이 행복하고 서로 친해 보이는 모습을 보면서 따라 웃기도 하지만, 한편으로는 내 일상이나 인간관계는 별 볼 일 없다는 생각이 들기도 하죠.

2 오늘은 학교에서 기말고사 성적표가 나왔어요. 지수는 지난번 중간고사보다 좋은 성적을 얻어 기분이 좋았습니다. 집으로 돌아온 지수는 저녁을 다 먹고 부모님께 성적표를 보여드리고 자랑하려고 했죠. 그런데 식사 도중 부모님이 자기 친구 딸인 현아는 이번에 평균 95점을 넘었다고, 대단하지 않으냐고 하시는 겁니다. 그보다 낮은 점수를 받은 지수는 갑자기 자신이 해낸 성취가 별것 아닌 것 같다는 생각이 들었어요. 현아 정도는 되어야 부모님께 인정받을 수 있을 것 같았습니다. 결국 부모님께는 성적 얘기를 꺼내지도 못하고 밥도 대충 먹고 자기 방으로 들어가버렸어요.

3 서우는 아이돌의 춤 영상 보기를 좋아해요. 그런데 화면 속 아이돌을 보다 보면 그들처럼 예쁘고 날씬해지고 싶어집니다. 거울을 보면서 왜 나는 저 아이돌처럼 코도 높지 않고, 눈도 크지 않고, 마르지도 않고, 피부도 깨끗하지 않은 건지 속상합니다. 아이돌만큼 완벽하진 않아도 주변에 예쁘고 날씬하다는 소리를 들으며 인기도 많고 고백도 많이 받는 친구를 보면 부러워요. 나도 저렇게 예뻐서 인기 있고 싶은데 거울을 볼 때마다 그렇지 않은 자신에게 실망하고 맙니다.

4 주원이는 나중에 일러스트레이터가 되어 멋진 그림으로 사람들에게 감동을 주고 싶은 꿈을 가지고 있어요. 지금까지는 관련 있는 책이나 영상을 찾아보며 집에서 혼자 그림 연습을 해왔지만 최근에는 학원을 다니기 시작했어요. 그런데 학원에 간 첫날, 자신과 비슷한 나이인데도 훨씬 더 그림을 잘 그리는 사람이 많다는 걸 알게 되었습니다. 주원이와 비슷한 시기에 그림을 시작했다는 한 친구의 그림도 자신의 그림보다 훨씬 멋져 보였어요. 그 친구는 주원이에게 그동안 그렸던 그림을 보여달라고 했는데, 주원이는 왠지 자신의 그림을 보여주기가 부끄러웠습니다. 그동안 늘 즐겁게 그림을 그려왔는데 그날은 어쩐지 그림 그리는 게 하나도 즐겁지 않았어요.

5 지우는 학교에서 한 친구가 운동화를 샀다고 자랑하는 걸 보았습니다. 그 친구의 부모님은 평소에도 비싼 가방이나 옷을 아무렇지 않게 사주신다고 해요. 지우도 갖고 싶다는 생각이 들었지만 가격을 들어보니 도저히 살 수 없었습니다. 지우는 부럽기도 하고 '왜 우리 집은 갖고 싶은 걸 다 가질 수 있는 저 친구의 집처럼 부자가 아닌 걸까?'라는 생각

이 들었습니다. 집에 가서 부모님께 새 운동화를 사달라고 말해봤지만 부모님은 이미 가지고 있는 운동화면 충분하지 않으냐고 거절하셨습니다. 지우는 자기도 모르게 "왜 그 정도도 못해주는데!" 하고 화를 내고 말았습니다.

여러분은 이와 같은 상황을 경험해본 적이 있나요? 정도는 다르지만 다들 한두 번쯤은 주변 친구와 비교해서 자신이 초라해 보인다든가 뒤처지고 있는 것 같은 느낌을 받은 적이 있을 겁니다. 이럴 때면 나에 대해 불만족스러운 느낌이나 부끄러움, 이대로는 안 될 것 같다는 불안감, 나보다 더 나아 보이는 사람에 대한 부러움과 시기심이 듭니다. 심지어 화가 나기도 합니다.

커가면서 우리는 원하든 원하지 않든 행복, 인간관계, 성적, 외모, 능력, 가정환경 등 다양한 분야에서 남과 나의 상태를 비교하게 됩니다. 타인에 비해 내 위치가 어떤지 확인하고 그 결과 내가 충분히 잘하고 있다는 판단이 든다면 뿌듯함을 느끼고 자신감이 향상되기도 합니다. 반대로 부족하다는 판단이 든다면 기분이 나빠지거나 어떨 때는 나라는 사람 자체가 다른 사람보다 부족하고 돋보이지 못한다는 생각에 열등감을 느끼곤 합니다.

열등감을 느끼는 것은 자연스러운 일이지만, 이로 인해 때로는 나를 비하하고, 나 자신의 가능성을 의심하고, 내 장점을 놓치고, 의욕을 꺾고, 다른 사람을 시기하고, 소중한 사람들에게 화풀이하기도 합니다. 열등감 때문에 나도, 내 주변 사람들도 괴롭힐 수 있다는 것이지요. 그런데 우리는 왜 이런 괴로운 경험을 하게 되는 걸까요? 어떻게 하면 시기나 질투에 휘둘리지 않을 수 있을까요? 나도 내 마음을 모르겠다고 느낄 때가 많지는 않나요? 이러한 질문들을 함께 살펴보도록 해요. 우선 내 마음부터 들여다보도록 합시다.

행 복 해 질

수

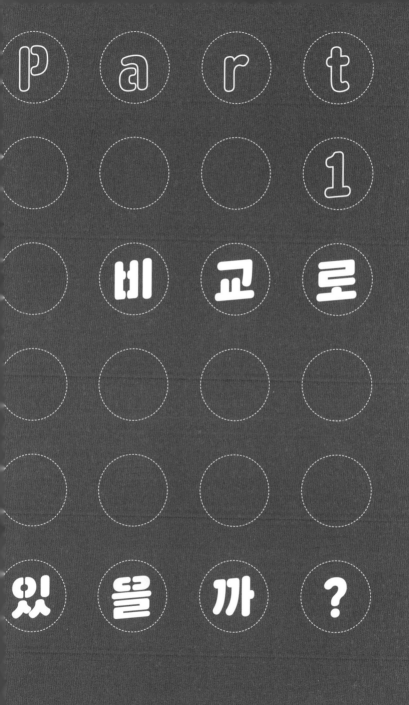

part 1

비교로

있을까?

나는 하나가 아니라
여러 개

'나는 누구일까요?' - 간단한 질문인 것 같지만, 여기에는 복잡하고 다양한 답이 따라옵니다. 이름, 사는 곳, 직업, 가족 관계, 성격, 취향, 취미, 좋아하는 것, 잘하는 것, 장래 희망 등 종이에 나와 관련된 중요한 사실을 전부 쓰기 시작하면 금세 종이가 꽉 찰 거예요.

　이렇게 저도 여러분도, 세상에서 가장 단순해 보이는 내 친구조차도 복잡 다양한 존재랍니다. 시간이 지나면서 더 많은 사람을 만나고 더 많은 경험을 하게 되면 여러분에 대한 내용은 점점 더 많아질 거예요. 종이가 꽉 차고 페이지가 늘어나면서 나는 점점 더 큰 존재가 되죠. 많은 사람이 자신을 태어날 때부터 모양이 딱 정해진 딱딱한 돌덩어리 같은 것처럼 생각하지만, 사실은 말랑말랑한 찹쌀떡에 더 가깝답니다. 우리는 얼마든지 더 늘어나고 때에 따라 다양한 모양이 되는 등 계속해서 달라지고 커질 수 있는 존재예요.

예를 들어 방 안에 널브러져 있는 내 모습과 한껏 멋을 내고 친구들과 놀러 가는 내 모습은 과연 같은 사람인가 싶을 정도로 많이 다를 거예요. 친구들 앞에 있는 내 모습과 부모님이나 선생님 앞에 있는 내 모습 역시 다를 것이고요. 이를 어려운 말로 '사적 자아', '공적 자아'라고 합니다. 사적 자아는 다른 사람의 존재를 신경 쓰지 않을 때의 나, 공적 자아는 사람들에게 보일 것을 생각해서 모습을 가다듬은 나라고 할 수 있지요. 이렇게 내 몸은 하나지만, 나라는 사람을 만드는 정신 기능의 총합인 내 자아는 다양한 모습을 하고 있어요.

그렇기 때문에 대체로 활달하지만 때와 장소를 구분해서 차분하기도 하고, 원래 파란색을 좋아하지만 오늘은 왠지 분홍색이 끌리는 등 변덕스러운 이런 모습도 다 나임을 알 수 있어요. 평소 같지 않은 행동을 한다고 해서 지금 이 행동을 하는 것이 내가 아니라 다른 사람이라고 생각하지는 않잖아요. 우리는 나의 다양성을 이미 받아들이고 있는 거예요.

그런데 이상하게도 어떨 때는 내가 다양한 존재임을 잊어버린 듯 행동할 때가 있어요. 바로 어떤 한 기준이 나의 전부를 결정하는 것처럼 생각할 때예요. 예컨대 시험을 못 봤을 때 속상한 마음이 드는 것은 자연스러운 일입니다. 시험 점수는 나의 작은 일부일 뿐이에요. 그런데 마치 그것이 곧 나의 전부인 것처럼 받아들이고는 나라는 사람 전체가 잘못된 것처럼 슬퍼한다면 조금 다르게 생각해볼 필요가 있습니다.

잘하고 싶었던 일을 잘하지 못해서, 또는 어떤 한 부분에서 다른 사람보다 조금 뒤떨어진다는 생각이 들어서 속상한 마음이 드는 것은 당연한 일입니다. 하지만 그 하나로 인해서 나라는 사람 전체가 세상에서 제일 못난 존재인 것 같고 자꾸 남과 비교하는 마음이 든다면, 아직 자신을 잘 알지 못하고 있을 가능성이 커요. 저도 여러분도, 사람은 누구나 몇 가지 요소의 합보다는 훨씬 큰 존재고, 따라서 몇 가지 특성을 가지고 모든 사람을 일렬로 쭉 줄을 세우는 것은 불가능하거든요.

물론 성적이나 외모 같은 기준으로 그런 시도를 하는 사람이 적지 않지만, 그렇다고 해서 그런 비교가 진짜인 것은 아니에요. 반대로 이는 자기 자신을, 타인을 제대로 알지 못하고 아주 협소한 시각으로 사람을 판단하는 사람이 많다는 증거지요. 그런 사람을 가만히 보세요. 혹시 계속 다른 사람과 비교하면서 끝없는 열등감과 불행 속에 살아가고 있지는 않나요? 주변에 불행한 사람이 많다고 해서 여러분까지 불행할 필요는 없어요.

열등감에서 탈출하는 방법은 바로 이런 뻔한 불행에서 벗어나는 것입니다. 나와 타인을 협소하게 정의하려는 시도로부터 한 발짝 떨어져서 나 자신이 얼마나 다채로운 존재인지, 새로운 사람을 만나고 새로운 경험을 함으로써 하루하루 얼마나 더 다양해질 수 있는 존재인지 알아보도록 해요.

큰 호수에 돌이 몇 개 던져지면 호수 물이 출렁일 거예요. 그렇다고 해서 호수 자체가 다른 모습으로 바뀌는 것은 아니에요. 잠깐 출렁거렸다가 이내 다시 원래의 평온한 모습으로 돌아가죠. 우리도 마찬가지예요. 살면서 얼마든지 실수하고 실패하고 잘못하는 일이 생길 거예요. 물건을 잃어버리는 것 같은 작은 실수부터 중요한 시험을 망치는 일, 부모님과의 갈등, 친구에게 상처를 주는 일같이 다양한 일이 포함돼요. 나라는 호수에 크고 작은 돌이 떨어지고 거센 바람이 불어서 물결치는 일이 생길 거예요. 하지만 그래도 나는 여전히 돌덩이나 물결보다 훨씬 큰 존재임을 잊지 않도록 해요. 안 좋은 일 몇 개가 나라는 호수 전체를 흐리는 일은 잘 없답니다.

비교로 행복해질 수 있을까?

열등감은 기본적으로 우열을 가리기 때문에 생겨나요. 몇몇 기준에 맞춰서 서로 다른 사람들을 일렬로 줄 세운 후 누가 위고 누가 아래인지 따지는 과정에서 나는 하위 그룹에 속하는 것 같다는 불안감이나 불만족스러운 느낌이 바로 열등감입니다. 그렇다면 정말 잘난 사람이 되어서 우위를 차지하면 열등감을 느끼지 않을까요?

안타깝게도 줄을 세워서 사람들을 평가하고 비교하는 버릇을 가지고 있는 한 아무리 잘나도 열등감에서 벗어나기는 어렵습니다. 세상에서 가장 잘난 사람이라고 해도 자기보다 다른 면에서 더 잘난 사람을 찾을 수밖에 없거든요. 즉 사람에게 순위를 매기는 시도 자체가 열등감의 시작인 것입니다. 순위를 매기는 순간 우리는 반드시 이런저런 면에서 누군가보다 열등할 수밖에 없기 때문이지요.

자신보다 잘난 사람이 별로 없다고 해도 불행한 것은 여전합니다. 누가 나보다 더 잘하지는 않는지 신경 쓰며 불안에 떠는 과정 자체가 상당히 괴롭기 때문입니다. 심리학자 소냐 류보머스키(Sonja Lyubomirsky)가 비교하는 버릇을 가진 사람들의 특징을 잘 보여준 실험이 있어요(Lyubomirsky & Ross, 1997). 연구자들은 참가자들에게 똑같은 과제를 주고 이후 잘했다거나 또는 잘 못했다는 피드백을 주었습니다. 이때 자신의 실력에 대한 피드백뿐 아니라 옆에 있는 또 다른 참가자가 어떤 성적을 거두었는지에 대한 피드백을 함께 줍니다.

그러면 평소 남과 잘 비교하지 않는 사람은 옆 사람이 자기보다 잘했든 못했든, 자기 자신이 잘했다면 기뻐하고 잘하지 못했다면 다소 속상해합니다. 반면 평소 남과 비교하는 버릇을 가진 사람은 내가 잘하지 못했더라도 옆 사람이 나보다 더 못했다면 기뻐하고, 또 내가 잘했더라도 옆 사람이 나보다 더 잘했다면 기분 나빠하는 모습을 보였습니다.

비교가 습관인 사람의 행복은 옆에 있는 누군가의 실력에 더 큰 영향을 받는다는 것이지요. 이들은 충분히 잘하고 있더라도, 옆에 어쩌다가 좀 더 뛰어난 사람이 존재하기라도 하면 순간 와르르 무너지며 지옥을 맛보게 하는 모래성 같은 자존감을 가지고 있는 것입니다. 비교로 기분이 좋아지는 사람은 또 금방 비교로 쉽게 기분이 나빠지는 거예요.

이렇게 비교하는 버릇을 가진 사람은 계속해서 주변에 나보다 더 뛰어나고 행복한 것 같은 사람을 찾습니다. 누가 나보다 더 성적이 좋지는 않은지, 외모가 더 뛰어나지는 않은지, 친구들한테 더 인기가 많지는 않은지 계속해서 부러워할 만한 정보를 찾아 나섭니다.

그러고 나서 저 사람은 나보다 어떤 면에서 더 잘나서 좋겠다며 그 사람의 삶이 대체로 어떠한지 잘 알지도 못하면서 성적, 외모, 재력 같은 한 요소만 콕 집어서 부러워하기 시작합니다. 부러워하다가 시기하거나 질투하기도 하고 많은 부정적 감정을 느낍니다.

이렇게 되면 갑자기 방금 전까지 멀쩡해 보이던 내 삶이 엄청 초라해 보이기 시작하죠. 또 방금 전까지만 해도 아무 문제가 없었던 나를 갑자기 부족함이 많은 사람이라고 느낍니다. 여기서 이 불안과 열등감은 '인위적'이라는 점에 주목할 필요가 있어요. 안 해도 될 비교를 굳이 함으로써 내가 만들어낸 감정이기 때문이죠. 실제로 나에게 어떤 큰 문제가 있어서 기분 나쁜 것이 아니라 단지 옆에 잘나 보이는 사람이 등장하는 것만으로 갑자기 엄청난 괴로움에 빠져버린다는 것은 슬픈 일입니다.

한 가지 더 골치 아픈 사실은 앞서 살펴보았듯 삶에는 다양한 측면이 존재하고(일, 연애, 취미 활동, 건강, 인간관계, 외모 등), 따라서 잘 찾아보면 누구나, 심지어 빌 게이츠라고 하더라도 적어도 한두 분야에서는 자신보다 잘나 보이는 사람을 반드시 찾을 수 있다는 점이에요. 세상에서 가장 예쁜 것 같은 연예인도 자신은 다른 사람에 비해 키가 작다거나 피부가 별로라며 불만을 표할 때가 있잖아요. 즉 비교하는 뇌를 장착하면 아무리 많은 것을 가져도 반드시 불만족스러운 포인트를 찾게 됩니다. 비교는 불만족을 끌어들이는 불만족 자석인 것이지요.

이렇게 아무리 높은 곳에 올라도 비교를 하는 한 더 잘난 사람과 비교하여 자신의 열등한 부분을 찾게 마련입니다. 아이러니하게도 남보다 우월한 사람이 되겠다고 애쓸수록 열등감 또한 늘어나는 것이지요. 그러니까 주변 친구보다 내가 이건 더 낫다고 기분 좋아하고 또 저건 부족한 편이라고 기분 나빠하지 않도록 해요. 비교로 좋아진 기분은 비교로 금방 나빠질 테니까요.

비교하는 버릇에서 빠져나오기 위해서는 앞에서 살펴보았듯 비교에 흔들리지 않는 나의 다양한 모습을 잘 알아두는 것이 중요합니다. 요리를 좋아하고 미식가인 나, 모험을 좋아하는 나, 상상력이 풍부한 나, 책을 좋아하는 나 등의 모습은 다른 사람과 비교하기도 어렵고 또 누가 뭐라 하든 변치 않는 나의 모습이니까요.

나보다 잘난 사람이 많은 것은
당연한 일

그래도 어쩔 수 없이 비교하게 되는 상황이 생기죠. 특히 내가
잘하고 싶은 일을 나보다 엄청 잘하는 사람을 봤을 때는 부러
움과 함께 '나는 왜 저렇게 하지 못하나', '나는 왜 이 모양인가'
같은 생각이 들곤 합니다.

그럴 때에도 슬퍼할 필요는 없어요. 객관적으로 생각했을
때 수십억 인구가 사는 지구에서 어떤 영역에서 나보다 잘난

사람이 있는 것은 당연하기 때문이에요. 삶의 수많은 영역에서 동시에 1등을 하는 것도 불가능합니다. 올림픽 수영 종목에서 금메달을 열 개 딴 사람이라도 다른 운동 종목은 물론 인간관계, 가정 생활, 인성, 취미 생활 등 삶의 모든 영역에서 뛰어날 수는 없는 것이지요. 다양한 삶의 요소 중에서 단 한 가지라도 잘해보려고 노력하는 것이 더 현실적인 삶의 모습이에요.

또한 나보다 잘난 사람이 존재한다고 해서 내 삶이 갑자기 나빠지는 것도 아니에요. 세상에 존재하는 행복의 양이 딱 정해져 있어서 마치 이기고 지는 게임처럼 누군가 나보다 더 행복하면 내가 그만큼 덜 행복해지는 것이 아닙니다. 삶에서 추구하는 가치도 사람마다 달라서 어떤 사람에게는 매우 중요한 것이 내 삶에는 별로 중요하지 않을 수도 있어요. 나에게는 노래를 잘 부르는 것이 중요하지만, 내 친구한테는 그림을 잘 그리는 것이 더 중요할 수 있고, 무엇을 잘하는 것보다 취미 생활이나 친구와의 관계, 마음의 평화같이 또 다른 가치를 더 중요하게 생각할 수도 있죠. 여러분과 여러분의 친구, 부모님이 느끼는 행복이 다 다르듯이 사람마다 행복은 서로 다른 요소로

구성되어 있거든요.

　따라서 몇몇 요소에서 어떤 사람이 더 나아 보인다고 해도 "그래서 뭐?"라고 하면 되는 문제인 거예요. "나는 그 사람이랑 다른걸? 나는 지금도 행복해. 나는 누가 뭐라고 해도 ○○를 할 때 행복해"라고 할 수 있으면 되는 것입니다.

　누가 나보다 무언가를 더 가지고 있다고 해도 그 사람 전체를 부러워할 필요는 없어요. 우리의 행복은 수많은 요소의 영향을 받기 때문이에요. 사람들에게 미국 캘리포니아에 사는 사람과 뉴욕에 사는 사람 중 누가 더 행복할 것 같은지 물어봅니다. 한국으로 치면 제주도에 사는 사람과 서울에 사는 사람 중 누가 더 행복할지 묻는 것과 비슷할 겁니다. 그러면 많은 미국인이 캘리포니아에 사는 사람이 더 행복할 것 같다고 답합니다. 하지만 실제로는 그렇지 않습니다. 캘리포니아에 사는 사람과 뉴욕에 사는 사람의 행복도를 비교해보면 차이가 없는 것으로 나타납니다. 이렇게 실제로는 차이가 없는데도 많은 사람이 오답을 내놓는 이유는 캘리포니아 하면 바로 푸른 바다와 햇빛이 연상되기 때문입니다. 반면 뉴욕은 살벌하고 차가운 도시의 풍경이 떠오르죠.

　이런 풍경과 별개로 행복하기 위해서는 어떤 것이 필요한지 생각해봅시다. 사랑하는 가족, 친구, 좋아하는 일(직업), 취미 생활, 건강, 맛있는 음식, 안정감 등 아주 많은 것이 있을 거예요. 여기서 과연 푸른 바다와 좋은 날씨가 얼마나 큰 비중을 차지할까요? 물론 영향이 없지는 않겠지만 우리 삶에 중요한 것은 너무나 많기에 어떤 한 가지가 좋다고 해서 그 삶을 완전히 다른 차원으로 승급시키는 일은 없다는 것입니다. 하다못해 복권에 당첨되고 나면 앞으로 영원히 행복할 것 같지만 이들의 삶을 가까이 들여다보면 갑자기 생긴 큰돈 때문에 가족과 친구 관계가 망가지고 직업을 그만두고 이사를 가고 사기를 당하는 등 다양한 변화를 겪으며 이전에 비해 되레 불행해지는 경향이 있다는 연구도 있었습니다.

　우리는 단순하게도 어떤 하나만 있으면 내 삶이 완전히 달라질 것이라 생각하고 말죠. 이를 '초점 착각(Focusing illusion)'이라고 합니다. 나무가 아닌 숲을 봐야 하는데, 작은 하나에 꽂혀 다른 중요한 것을 보지 못한 채 판단을 내리기 때문에 생기는 오류를 말합니다. 우리가 어떤 사람의 삶을 부러워할 때 역시 보통 한두 가지 정보를 보고 그 사람의 삶 전체가 좋을 것이라고 생각하는 경향이 나타납니다. 하지만 이는 겉으로 보이는 단편적인 정보를 삶 전체로 지나치게 일반화하는 행위입니다.

많은 경우 이런 정보는 내가 생각하는 것보다 별로 중요하지 않습니다. 어떤 사람이 나보다 더 잘났다는 정보(또는 내가 그렇다고 믿는 것)에 대해 "그래서 그게 너한테 뭐가 그렇게 중요한데?" 하고 물어보면 딱히 할 말이 없으니까요. 항상 존재해왔을 뛰어난 누군가를 내가 지금 발견했다고 해서 내 삶에 당장 큰 변화가 생기나요? 이 사실에 충격을 받으면 내 삶이 더 나아지나요? 내 삶에 아무런 직접적인 영향을 미치지 못한다면 이 정보에 대해 호들갑을 떨 필요가 없지 않을까요? 누가 나보다 조금 더 잘생기거나 예쁘고 다방면에서 뛰어나다는 정보를 내가 신경 쓰거나 반대로 무시한다고 해서 달라지는 것은 아무것도 없으니까요.

이런 정보에 영향을 받는 것은 내가 괜히 쓸데없이 비교를

하고 잘 알지도 못하면서 다른 사람의 삶을 부러워하며 고통받기 시작하는 시점부터입니다. 하지만 애초에 그러거나 말거나 나와 상관없는 정보라고 못 박고 신경 쓰지 않기로 하면 이런 정보는 나에게 아무런 영향도 미칠 수 없지요. '남이 어쨌다'고 하는 정보가 다른 사람의 입에 오르내리는 것을 막을 수는 없지만, 이러한 이야기가 내 안에까지 들어와 나를 흔들지 않게 하는 것은 어느 정도 내가 선택할 수 있는 일이라는 것입니다.

우리는
왜 비교할까?

많은 경우 기분만 나빠질 뿐 아무것도 달라지지 않는데 왜 우리는 비교를 하는 걸까요? 물론 비교가 항상 나쁜 것만은 아닙니다. 비교를 통해 동기 부여가 된다든지, 긍정적인 자극을 받는 것도 가능하기 때문입니다. 하지만 비교가 내 삶에 유용한 지점을 넘어 불행만 가져다준다면, 비교의 효용은 더 이상 존재하지 않는 것이지요.

실제로 학자들은 비교의 존재 이유는 사람들로 하여금 자신의 위치를 파악하고 동기를 부여하는 데 있다고 봅니다. 예컨대 다들 90점을 받았는데 나 혼자 60점이라면 나는 좀 더 분발해야 한다고 볼 수 있죠. 반면 다들 40점을 받았는데 혼자 60점이라면 나는 매우 잘하고 있다고 볼 수 있을 거예요. 이렇게 내가 이 사회에서 적절하게 기능하고 있는지의 여부를 파악하는 것이 비교의 진정한 역할이자 존재 이유입니다.

따라서 누군가와 나를 비교해서 '더 열심히 해야겠다'거나 반대로 '덜 신경 써도 되겠다'는 판단이 섰다면 이미 비교의 기능을 충분히 누린 것이므로 그 이상은 불필요한 비교가 되는 것이지요. 변화를 위한 실제 행동을 가져오지 않는 비교도 불필요한 비교입니다. 예컨대 다른 친구에 비해 성적이 너무 떨어지는 것 같다는 느낌이 들어서 다음 시험 때 좀 더 열심히 공부를 한다면 여기까지는 괜찮습니다. 내 방이 다른 형제의 방보다 많이 지저분한 것 같아서 청소를 하기로 했다면 이 또한 괜찮은 비교입니다.

반면 변화를 일으킬 수 있는 행동을 가져오기보다는 '나는

바보인가 봐', '나는 역시 안 될 거야'와 같은 자기 비하에 빠지게 하는 비교는 '나는 할 수 있다'는 자신감만 떨어지게 할 뿐입니다. 비교는 나의 성장이나 변화에 도움이 될 때만 해야지 그렇지 않을 때는 기분만 나빠지고 자신감만 깎아 먹습니다.

얼굴의 타고난 생김새나 부모의 소득 수준 같이 내 노력으로 쉽게 바꿀 수 없는 것을 비교하는 것도 쓸데없는 일입니다. 아무리 비교해봤자 기분만 나빠질 뿐 실제 행동으로 옮길 수 없거든요. 비교해봤자 아무것도 얻을 수 없다면 시간과 감정 낭비일 뿐이니까 군이 할 필요가 없을 거예요.

또 행복이나 인생의 의미, 우정과 같이 겉으로 보이는 게 전부가 아니어서 뭐가 더 낫고 뭐가 더 나쁘다고 일률적으로 줄 세울 수 없는 것들은 애초에 비교의 대상이 아닙니다. 초점 착각에서도 말했지만, 누가 나보다 더 행복하고 더 좋은 인생을 살고 있으며 더 사랑받고 있는 것 같다고 느끼는 것은 대체로 경솔한 판단이거든요.

정리하면 비교란 원래 우리가 스스로의 위치를 잘 파악하고 발전할 수 있도록 돕는 역할을 하기 위해서 존재합니다. 따라서 비교는 좋고 나쁨을 분명히 파악할 수 있는 것을 대상으로 해야 하고, 실제 행동으로 연결할 수 있어야 하며, 무엇보다도 내게 유익해야 합니다. 그렇지 않은 비교는 쓸모없으니 그만두는 것이 좋습니다.

그동안 남과 나를 자꾸 비교하는 버릇을 가지고 있진 않았는지, 쓸모없는 비교를 하고 있진 않았는지 나 자신을 한번 점검해보세요.

✦ 최근 누군가와 자신을 비교한 경험이 있나요? 일주일간 얼마나 자주 비교했나요?

✦ 어느 영역에서 자신과 다른 사람을 비교했나요? (예를 들어 성적, 외모, 집안 환경, 성격, 인간관계, SNS 팔로워 수 등)

✦ 각각의 비교가 다음의 조건을 모두 만족시켰나요?
　• 객관적 기준으로 좋은지 나쁜지 판단할 수 있다
　• 나의 위치를 파악해서 더 나아지기 위한 동기를 부여해준다
　• 변화를 위한 실제 행동을 이끌어낼 수 있다
　• 새로운 정보를 알려주는 등 나에게 유익하다

내가 하는 비교가 이 네 가지 조건을 모두 충족하지 않는다면 "나는 나에게 아무런 도움도 되지 않는 비교를 하면서 스스로 불만족과 불행을 불러오고 있는 거야"라고 말하고 비교를 멈추도록 해보세요. 나에게 동기를 부여하는 비교라 하더라도 이미 그 기능을 누렸다면 멈추어야 한다는 점도 기억하세요.

part 2

사랑받을까?

뒤처지지 않으면
행복해질까?

선을 넘는 비교는 불안만 가져올 뿐 도움이 되지 않는다는 점
을 살펴보았어요. 하지만 그래도 남보다 뒤처지는 것에 대한
불안감을 원동력으로 삼아서 누구보다 잘난 사람이 되면, 곧
'완벽한' 인간이 되면 뒤처진다는 불안감과 열등감에서 자유
로울 수 있지 않을까요? 다시 말해서 절대로 뒤처지지 않는
사람이 되면 열등감이란 문제가 자동으로 해결되는 게 아닐
까요?

안타깝지만 실제로 어떤 영역에서든 잘하려고, 뒤처지지 않으려고 노력하는 사람을 보면 꼭 그렇지만은 않은 것 같습니다. 비교를 통해 객관적으로 부족한 점을 찾아서 노력하는 것은 바람직한 일이지만, 습관적으로 남과 비교하면서 살아가는 사람은 실력이 좋더라도 불행한 모습을 보이는 편입니다.

어떤 분야에서도 뒤처지지 않고 뭐든 잘하려고 끊임없이 애쓰면서도 죄책감을 느끼는 사람이 있습니다. 주로 완벽을 향한 소망이 강한 완벽주의자가 보이는 현상입니다. 이들은 충분히 잘하고 있는데도, 예컨대 90점을 받으면서도 그 사실에 뿌듯함을 느끼기보다 만점에서 10점이 부족하다는 사실에 더 바들바들 떨며 불안해합니다. 부족함을 없애는 것에 초점을 맞추기 때문에 열심히 잘하는데도 자신은 여전히 10점, 5점, 1점이 미달이라며 죄책감을 느끼는 편이지요. '100점을 맞는 사람도 있는데, 나는 뭐지?' 하는 의문에도 시달리는 편입니다.

뒤처지는 것에 대한 '불안'과 '임포스터 신드롬(Imposter syndrome, 가면증후군)'은 함께 붙어 다니는 경향을 보입니다.

남과 비교하는 한 충분히 잘하고 있으면서도 부족함을 없애야 겠다는 강박과 무능한 모습을 최대한 들키지 말아야겠다는 생각(임포스터 신드롬)에 시달릴 수 있다는 것입니다. 머릿속에 늘 자신보다 열심히 하고 잘하는 비교 대상이 자리 잡고 있기 때문에 능력 좋은 사람이 되어도 만족하지 못하고 늘 부족하다는 자괴감에 시달립니다. 즉 비교하는 뇌를 가지고 있는 한 불안이 계속 따라다닌다는 것이지요. 남과 비교해서 부족하지 않은 사람이 되고 싶은 마음이 클수록 열심히 해도 여전히 부족하다는 좌절감에 시달리는 것은 슬픈 일입니다.

또한 한 치도 부족함이 없어야 한다는 목표는 애초에 달성할 수 없는 불가능한 목표입니다. 불가능한 목표를 향해 달려가는 것은 걸음걸음 실패를 쌓아가는 행위와 같지요. 무엇을 하든 좌절을 느끼기 쉽습니다.

만약 '내가 가짜인 게 아닐까, 사실 나는 형편없이 부족한 인간이 아닐까?' 하고 자신을 의심하고 있다면, 내 주변 사람 누구나 어느 정도는 이런 불안을 가지고 있다는 것을 인식할 필요가 있어요. 정도는 다르지만 누구나 조금씩은 비교하는

마음을 가지고 있고 따라서 불안할 수밖에 없거든요. 또 비교를 밥 먹듯 하는 나는 내가 생각하는 것보다 잘하고 있을 가능성이 큽니다. 비교는 실제보다 나를 작아 보이게 만드니까요. 나는 이미 부족함을 감추고도 남을 만큼의 성과를 내고 있고 내 부족함 또한 내가 생각하는 것보다는 현격히 적을 가능성이 큰 것이지요.

불안은 부족함만 콕콕 찍어내서 확대하는 돋보기입니다. 크고 생생해 보여서 진짜같이 느껴지지만, 그 부족함은 불안이 만들어내는 착각일 뿐 실제와는 다르지요. 불안할 때 내 마음이 하는 이야기는 대체로 '뚱' 같은 거예요. 또 내 삶은 내가 불안해하는 영역보다 훨씬 큽니다. 따라서 어떤 하나가 삶의 전부라고 느끼는 것은 높은 확률로 착각이라는 것을 기억합시다.

특별해야
사랑받을까?

이렇게 선을 넘는 비교는 우리를 불행하게 만들기 마련이지만 그래도 계속해서 강박적으로 비교하는 이유는 아마도 특별해야 사랑받을 수 있다고 믿기 때문일 겁니다. 결국 우리가 비교하는 이유는 인간이 타인으로부터 인정 받고 사랑 받고자 하는 사회적 동물이기 때문입니다.

인간은 혼자서는 아무것도 못하지만 모여서 협력하면 도시를 세우고 초고층 빌딩을 짓는 사회적 동물이지요. 함께 사는 것이 생존 전략인 우리에게 무리에서 받아들여지지 않는 것은 죽음을 의미하는 것과 같습니다. 따라서 우리는 다른 사람에게 인정받으면서 자신의 가치를 확인하는 습관을 가지게 되었습니다. 내가 사람들 사이에서 그럭저럭 인정받고 있고 사랑받고 있다면 나는 스스로 좋은 평가를 하게 됩니다. 예를 들어 주변 사람의 칭찬이라도 받게 되면 기분이 하늘을 날 것 같아지고, 내가 잘하고 있구나 하는 뿌듯함이나 자랑스러움 등을 느낍니다. 반면 주변 사람에게 받아들여지지 않는다는 판단이 들면 외로움을 느끼고 나에게 무슨 문제가 있거나 내가 좋은 사람이 아닐지도 모른다는 의심이나 비난을 던집니다. 즉 우리는 주변 사람의 인정을 통해 내가 좋은 사람인 것 같다거나 혹은 좋은 사람이 아니라는 판단을 하게 됩니다. 다시 말하면 사회적 동물의 자존감은 근본적으로 타인에 의해 좌우되는 면이 큽니다.

자동차에는 연료 상태를 나타내는 계기판이 있습니다. 연료가 충분하면 바늘이 F를 가리키지만 부족하면 E를 가리킵니다. 이 계기판을 보면 연료가 충분하거나 부족하다는 사실을 알 수 있고 부족하다면 연료를 더 채우는 적절한 행동을 할 수 있지요. 듀크 대학의 심리학자 마크 리어리(Mark R. Leary)는 우리의 자존감이 바로 주변으로부터 받는 인정과 사랑에 대한 계기판이라고 보았습니다. 그러니까 충분히 사랑받고 있다면 높은 자존감을, 그렇지 못하다면 낮은 자존감을 갖게 된다는 것입니다. 이렇게 자존감은 우리로 하여금 자동차 계기판처럼 사람들의 사랑이 충분하다거나 부족하다는 사실을 알려주고, 지금처럼 행동하거나 아니면 더 많은 사랑을 얻기 위해 노력하게끔 유도하는 역할을 할 뿐, 그 자체로 큰 의미는 없다고 보았습니다. 이를 '자존감의 사회적 계량기 이론(Sociometer theory of self-esteem)'이라고 합니다.

내 성격이나 성과를 사람들과 비교하고 나서 스스로 뿌듯함을 느끼거나 또는 자괴감을 느끼는 것 또한 우리가 사회적 인간으로서 얼마나 잘 기능하고 있는지 판단하기 위해 필요합니다. 하지만 문제는 어떤 사람은 정확하지 않은 계기판을 가지고 있다는 것입니다. 예를 들어 계기판이 오작동해서 연료가 가득한데도 계속 바늘이 E를 가리키는 자동차를 생각해보세요. 사람으로 바꿔 생각하면 이미 충분히 잘하고 있는데도

계속해서 스스로 부족하다고 생각하는 사람일 거예요. 또는 바늘은 정확한데 연료 상태가 F에서 조금만 내려가도 큰일 났다며 호들갑을 떠는 사람도 있을 거예요. 이런 사람은 계기판 자체보다 지나치게 민감하게 반응하는 것이 문제겠지요.

계기판이 다른 것에 잘못 반응하는 경우도 있을 겁니다. 그러니까 연료에 반응해야 하는데 바깥 온도에 반응하는 경우 그 계기판이 가리키는 표시는 믿을 수 없게 되겠죠. 정작 중요한 정보가 아닌 부수적인 정보만 알려준다는 점에서 그 계기판은 신경 쓸 필요가 없는 것이기도 할 거예요. 특별해야만 사랑받을 수 있다고 생각하는 것도 한 가지 예시가 될 수 있습니다. 내 특별함의 정도는 내가 받는 사랑과 큰 상관이 없는데 우리의 내적 계기판이 오직 내가 남보다 얼마나 특별히 잘났는지에만 신경을 쓰고 정작 사람들이 나에게서 중요시하는 다른 요소를 등한시한다면 말이에요.

내가 다른 사람의 마음에
저장되는 이유는 뭘까?

누구나 처음 만나는 상황은 항상 어색하기 마련이지요. 하지만 그런 어색하고 불편한 상황에서도 왠지 비교적 다가가기 편안한 사람이 있고 그렇지 않은 사람이 있어요. 한두 시간 정도 대화를 나누다 보면 점점 어떤 확신이 오게 되지요. 어떤 사람을 다른 사람보다 더 친밀하고 편안하게 느끼게 만드는, 어색함과 거리감이라는 벽을 허물게 만드는 결정적인 요소는 무엇일까요?

흔히 사람들은 뛰어나고 특출한 면이 있어야 사랑받을 거라고 생각하는 경향이 있습니다. 하지만 실제로 우리가 사랑받고 받아들여지는 데는 뛰어난 능력 외의 요소가 더 큰 영향을 주는 편입니다. 그런데 많은 사람이 이를 간과하고 있지요. 회사 면접과 같은 특수한 상황이 아닌 일상 속에서 내 친구나 가족 들처럼 친밀한 관계에 있는 사람들이 나를 좋아하는 이유를 한번 생각해보세요. '영어 성적이 좋아서'와 같은 이유는 아마 아닐 것입니다. 그보다는 친절하고 따뜻하고 재미있고 가끔 바보 같은 행동을 해서 함께 있으면 즐겁고 상대를 소중한 존재라고 느끼게 해주기 때문이라는 등의 시시콜콜한 이유가 떠오를 거예요. 만에 하나 누군가가 내 영어 성적을 보고 나를 좋아한다고 해도, 그게 정말 '나'를 좋아하는 것인지 의문을 갖게 될 거예요.

하지만 어렸을 때부터 그렇게 교육받았기 때문인지 사회적 인정이 주는 만족감과 사람 사이의 친밀감에서 오는 만족감을 혼동하는 사람이 많고, 사랑받기 위해서는 오직 뛰어나고 특별한 사람이 되는 방법밖에 없다고 생각하는 사람이 적지 않습니다.

저 역시 소중한 이들에게 나의 멋진 모습만 보이려 애쓰고 멍청한 모습을 보이기라도 하면 사람들이 나에게 실망할까 봐 걱정했던 때가 있었어요. 한참 후에야 이렇게 잘나 보이려고 애쓰는 것이 나의 우정이나 사랑에 별 도움이 되지 않는다는 사실을 깨달았습니다. 이런 노력은 되레 더 중요한 것들로부터 내 시선을 분산하는 방해물 같은 것이었어요. 또 나를 진실하지 않고, 상대방에게 관심이 없으며, 오직 내가 어떻게 보일까 하는 것에만 관심이 있는 자기중심적인 사람이라는 인상을 주게 했을 것 같기도 합니다.

외로움을 느낄 때도 마찬가지였습니다. 내가 좀 더 쓸모 있어져서 인정받으면 외롭지 않을 거라고 생각했던 때가 있었어요. 하지만 많은 연구에서도 확인된 것인데, 외로움을 해소하는 데는 사회적 인정보다 나를 정말 잘 이해하는 친밀하고 깊은 관계가 필수입니다. 사회적 위상이 높아도 외로운 사람이 허다하고 별로 내세울 건 없지만 친밀한 관계 속에서 얼마든지 행복한 사람이 많은 이유가 바로 이런 것이지요.

안타깝게도 특별함을 무기로 사랑과 관심을 얻고자 노력하는 경우 사회적 인정은 얻을 수 있겠지만 정작 외로움 해소에 중요한 끈끈한 정서적 친밀감은 얻기 어려울 수 있습니다. 다수의 연구에 따르면 사람들이 누군가를 '신뢰'할지, 즉 곁에 두기에 안전하며 의지할 수 있는 사람이라고 여길지 그 여부를 결정할 때, 그 사람의 능력과 인간적 따뜻함 둘 다를 고려하지만 그중 인간적 따뜻함이 압도적으로 더 중요했습니다.

상대의 능력이 내게 직접적인 영향을 미치는 상황이 아니라면 능력은 좋아도 그만 나빠도 그만이지만, 냉정하고 배려 없고 예의 없는 사람이라는 판단이 들면 바로 '신뢰할 수 없고 따라서 가까이하면 안 되는 사람'이라는 판단을 내립니다. 능력이 좋지만 차가운 사람은 능력이 없지만 차가운 사람보다 더 비호감으로 여겨지기도 해요. 이는 함께 일하는 사이에서도 마찬가지입니다. 능력이 아무리 좋아도 함께 지내기에 영 별로인 사람보다는 능력이 조금 덜해도 곁에 둘 수 있는 사람을 선택하기 쉽습니다. 능력은 도움을 받는 식으로라도 보충을 하면 되지만 인간성은 보충이 어려우니까요. 즉 사랑받는 사람이 되기 위해서는 능력이 좋은 사람이 되는 것보다 따뜻하고 친밀한 사람이 되는 것이 더 중요하다는 것입니다. 물론 둘 다 가질 수 있다면 더 좋겠지만요.

이렇게 사람과 사람 사이를 끈끈하게 이어주는 친밀감은 공감대 형성을 통해 발전합니다. 여기서 공감대란 객관적으로 비슷한 점이 많아야 한다는 것이 아니에요. 그보다는 서로 다른 사람들이 서로 "맞아, 맞아" 하며 함께 맞장구치는 일이나 상대의 입장에 깊이 공감하고 이해하는 경험, 슬픔이나 기쁨 같은 감정을 함께 겪는 것을 말합니다. 좋아하는 가수가 같다거나 같은 취미를 가지고 있다는 사실을 발견하고는 급격하게 친밀감을 느꼈던 경험은 없었나요? 함께 울거나 웃는 것만큼 친밀감으로 가는 지름길은 없답니다.

하지만 상대방에게 강렬한 인상을 남기겠다며 자신의 특별함과 잘남을 강조하는 전략을 쓰는 사람이 여전히 많습니다. 연구에 따르면 이 전략은 잘 먹히지 않을 가능성이 커요. 예컨대 함께 이야기를 나누는 상황에서 어떤 한 사람에게 다른 사람은 해보지 않았을 자신만의 특별한 경험을 말해보라고 하면 (특수한 여행지에 간 경험 등) 사람들은 이 사람에 대해 호감보다는 살짝 거리감을 느끼는 모습을 보였습니다. 특별한 점을 강조하다 보니 공감대 형성에 실패하고 만 것이지요.

특히 특별함에 대한 강조가 '자기 자랑'이나 '우월성 과시' 쪽으로 흘러간다면 결과는 더더욱 좋지 않습니다. 예컨대 잘 난 척만 하는 사람과 함께 있고 싶은 사람은 별로 없을 거예요. 자기가 잘되는 것에만 관심이 있고 다른 사람의 수고는 전혀 인정하지 않는 사람을 좋아할 사람도 없겠죠. 심지어 거만한 사람도 자기처럼 거만한 사람을 곁에 두고 싶어 하진 않을 거예요.

오직 선망의 대상이 되는 것이 목적일 뿐 마음을 나눌 수 있는 따뜻한 인간관계가 전혀 필요 없다고 한다면 모르겠지만, 그렇지 않다면 꼭 특별하고 잘난 사람이 될 필요는 없다는 것입니다. 대체로 무해하고 단점도 많지만 쓸데없는 자존심을 내세우기보다 이를 인정할 줄 알고, 자신의 행복뿐 아니라 타인의 행복도 생각할 줄 아는 사람이 되는 것이 더 우선이라는 것이지요. 내가 받는 사랑은 나의 특별함에서 나오지 않으며, 따라서 앞으로도 사랑받기 위해 특별해질 필요는 없습니다. 그러니까 사랑받고 싶다는 이유로 남과 나를 비교하며 다른 사람을 앞서가려고 애쓰지 않아도 된다는 것입니다. 다음 페이지에 정리한 내용을 보면서 한 번 더 이 점을 기억해보세요.✦

지금까지 비교는 쓸모없는 경우가 대부분이며 흔히 다른 사람들보다 우월한 사람이 되고 싶다는 욕심에서 나온다는 점을 살펴보았습니다. 하지만 사랑받고 싶다면 우월한 사람이 되는 것은 별로 도움이 되지 않는다는 점도 살펴보았지요.

이런 이야기는 비교를 '당할' 때도 동일하게 적용됩니다. 선생님이나 부모님이 너는 왜 쟤보다 못하느냐고 비교할 때가 있을 거예요. 물론 그런 말을 하는 것은 일단 어른의 잘못입니다. 선생님도 본인이 다른 선생님보다 잘 못 가르친다고 비교하는 말을 듣는다면 싫어할 테고, 부모님 또한 다른 부모님과 비교된다면 싫어할 거예요. 이렇게 비교되는 일은 누구에게나 불쾌한 일이고 자신은 절대로 비교되고 싶지 않아 하지만, 안타깝게도 타인에게는 비교를 하는 경우가 적지 않습니다. 따라서 비교하는 말을 들었을 때 어떻게 대처해야 할지 알아둘 필요가 있습니다.

정리하면 이렇습니다.

✧ 잘난 사람이 되어야만 사랑받는 것은
아닙니다. 특별하고 잘난 것은 되레
친밀감을 쌓는 과정에 방해가 될지도
모릅니다.

✧ 세상에 나보다 여러 분야에서 잘난 사람이
있는 것은 당연합니다. 금메달을 여러 개 딴
선수도 자기 영역 밖에서는 아마추어일 수
있는 것처럼 말이에요.

✧ 나보다 잘난 사람이 존재한다고 해서 내 삶이 갑자기 나빠지는 것은 아닙니다. 되레 누구에게도 뒤처지지 않으려고 애쓰며 사는 것이 더 내 삶을 불행하게 만들 수 있습니다.

✧ 누군가의 삶 전체가 내 삶 전체보다 나아 보인다고 생각하는 것은 겉으로 보이는 단편적인 정보를 삶 전체로 일반화하는 것일 가능성이 큽니다.

✧ 비교의 기능은 동기 부여입니다. 충분히 동기 부여가 되었다면 그 이상은 필요 없다는 사실을 기억해봅시다.

비교는 우선 그 의도가 무엇이든, 또 상대의 발전을 위해서든, 상대를 혼내기 위해서든 딱히 바람직하지 않은 의사소통 방법이라는 점을 기억합시다. 앞서 말했듯 비교되는 것을 즐기는 사람은 없기 때문입니다. 또한 비교가 너무 흔한 사회에서 사는 바람에 비교가 버릇이 되다 보면, 나중에는 아무리 잘해도 절대 만족하지 못하고 따라서 행복하지 못한 사람이 되고 맙니다. 비교되는 말을 들었다면, 우선 상대방에게 "그렇게 남과 나를 비교하는 말을 들으면 오히려 의욕이 꺾이고 속이 상해요. 제가 잘하는 점에 대해서 칭찬해주시면 더 힘이 날 거 같아요"라고 그런 말을 들었을 때의 기분을 전달하고, 상대방에게 다른 방식으로 행동해달라고 해보세요. 그래도 소용이 없다면 '나는 이런 식으로 다른 사람을 비교하지 말아야지'라든가 '비교에서 자유로운 사람이 되어야지' 하고 생각해봅시다.

그러고 나서 내용은 최대한 걸러 듣도록 해요. 어른 역시 초점 착각에서 자유롭지 못하고, 따라서 잘 알지도 못하면서 쉽게 말하는 경우가 많거든요. 그러니 어디까지나 내게 도움이 되는 내용만 걸러서 듣도록 합시다. 나 역시 더 잘하고 싶은 부분이고 또 내가 할 수 있다는 생각이 든다면 그냥 '나도 다 알

고 있어', '별로 새로운 정보가 아니군' 정도로 생각하고 넘어
갑시다.

만약 누군가가 외모처럼 내 행복이나 사람 됨됨이에 큰 영
향을 주지 않고 또 내가 바꿀 수도 없는 부분을 비교한다면 속
으로 어깨를 으쓱하며 '그건 내가 어떻게 할 수 없는 부분이잖
아. 나뿐 아니라 사람이라면 그 누구도 자기 마음대로 바꿀 수
없는 부분인걸. 왜 이런 불필요한 비교를 하는 거야' 하고 생각
해봅시다.

다행히도 우리에게는 이렇게 불필요한 생각을 통제할 수
있는 능력이 있습니다. 바로 '자아'인데요. 심리학에서 정의하
는 자아란 남과 다른 '나'라는 존재를 인식하고 나에 대해 생각
하며 나에게 도움이 되는 방향으로 행동하기 위해 존재하는
정신 기능입니다. 나라는 존재에 대해 깨닫는 능력은 생각보
다 천천히 발달합니다. 아이의 얼굴에 빨간 점을 그린 후 거울
을 보여줍니다. 이때 아이가 손을 얼굴에 가져가는지 아니면
거울로 가져가는지를 살펴봅니다. 만약 손을 얼굴 쪽으로 가
져간다면 이는 눈에 보이는 것이 나라는 것을 인식하고 거울

이 아닌 내 얼굴에 무언가가 묻었다는 사실을 눈치챘다는 뜻입니다. 반면 거울에 손을 가져간다면 거울에 비치는 것이 자신이라는 사실을 아직 모른다고 볼 수 있습니다. 이를 '거울을 이용한 자아 인식 테스트(The mirror test)'라고 합니다.

강아지는 거울에 비친 자기 모습을 보고 깜짝 놀라거나 짖곤 하는데요. 강아지에게는 자기 자신을 의식적으로 생각하는 능력이 없기 때문입니다. 사람도 마찬가지로 18개월 이전 아이는 자신을 인식하지 못하는 경향을 보이지만, 18개월부터 서서히 나라는 존재를 인식하기 시작합니다. 영장류는 대부분 이런 거울 테스트에서 자신의 존재를 성공적으로 인식하는 모습을 보입니다. 그래서 인간과 다른 동물의 차이를 고도로 발달한 자아, 자기 인식 능력의 차이에서 찾기도 하지요.

평소에 여러분은 어떤 생각을 하는지 한번 살펴보세요. '아까 내가 이렇게 행동한 거 좀 이상했나?' '그런 얘기 괜히 한 거 아닌가?' '친구들이 나를 싫어하면 어떡하지?' '이따 발표할 때 실수하면 어떡하지?' '내가 잘할 수 있을까?' '사람들이 나한테 실망하면 어떡하지?' 등등 결국 다 나, 자기 자신에 대한 생각일 겁니다. 내가 무엇을 어떻게 했고, 내가 이러면 안 됐고 저렇게 했어야 했다거나, 나는 앞으로 이렇게 저렇게 할 거라는 둥, 또 남이 나를 어떻게 생각하는지 등 전부 나에게 초점을 맞춘 생각입니다. 이런 생각을 하는 것 또한 자기 자신의 존재를 인식하고 자신에 대해 의식적으로 생각하는 능력을 갖춘 덕분입니다.

심리학자 마크 리어리에 따르면 우리는 자기 자신에 대해 의식적으로 생각할 수 있게 된 덕분에 나의 과거와 미래에 대해 생각하고 계획을 세우는 멋진 능력을 얻었지만, 한편으로는 다른 사람의 관점을 상상하며 자신의 일거수일투족을 심하게 검열하는 등 괴로움도 얻게 되었습니다. 이런 의미에서 리어리는 자아를 인간이 가진 최고의 선물인 동시에 저주라고 말합니다. 예를 들어 토끼는 배가 고플 때 먹을 것을 더 찾아 헤맬 뿐 '나는 왜 이렇게 식탐이 많을까? 나 너무 뚱뚱해 보이는 것 같아. 다이어트 좀 해야겠어. 오늘 식량을 조금밖에 못 모았어. 다 내가 게으른 탓이야. 다른 토끼는 나보다 훨씬 잘하고 있는 거 같아서 짜증 나'와 같은 생각을 하며 괴로워하지는 않는다는 것이지요.

이렇게 자아는 다양한 생각을 하며 나의 미래 계획을 세울 수 있게 도와주는 멋진 기능을 하지만, 한편으로는 잔소리가 너무 많다는 단점을 가지고 있습니다. 양육자가 언제나 나를 주시하며 "그렇게 하면 안 돼!" "이렇게 해야지!" "앞으로는 어떻게 할 거니?" "커서 뭐가 될래?" 하고 잔소리를 하는 것처럼 자아의 주 기능은 우리 자신의 일거수일투족을 지켜보며 평가하고 판단, 계획하게 만드는 것이기 때문입니다. 즉 우리 안에는 자아라는 잔소리꾼이 살고 있는 것이지요. 여러분의 머릿속에도 계속 자기 자신에 대해 이러쿵저러쿵 떠들어대는 목소리가 살고 있지 않나요? 우리가 다른 동물처럼 자신에 대해 생각할 수 없는 존재였다면 이런 괴로움이 훨씬 적었을 거예요.

이렇게 나를 평가하는 것이 주된 기능인 만큼 우리의 자아는 마치 몇몇 양육자가 자녀에게 그러하듯 계속해서 나를 남과 비교하기도 합니다. 내가 나에게 "쟤는 저렇게 예쁘고 똑똑한데 나는 왜 이 모양일까?"와 같은 소리를 끊임없이 하고 있는 셈이지요.

이럴 때면 주눅이 들고 내가 정말 못난 사람인 것만 같습니다. 못난 내가 부끄럽다는 마음이 들기도 해요. 하지만 그럴 때일수록 끊임없이 나를 평가하고, 나에게 잔소리하고, 나를 남과 비교하는 생각이 튀어나오는 것은 자아가 원래 그런 역할을 하는 존재이기 때문일 뿐, 이런 내용이 사실이기 때문이 아니라는 것을 꼭 기억하도록 해요. 어느 날 갑자기 어떤 사람이 나타나서 내게 나쁜 말만 쏟아낸다고 생각해봅시다. 너는 얼굴이, 피부가, 몸매가, 성적이, 친구 관계가, 성격이 몇 점밖에 안 된다며 평가하는 친구가 있다고 해봐요. 내가 자신 있는 부분까지도 별로라고 깎아내린다고 생각해봅시다. 아마 그 말을 곧이곧대로 받아들이지는 않을 거예요. "뭐 저런 사람이 다 있지? 왜 나한테 이런 말을 하지? 정말 이상한 사람이야" 하고 신경을 끄거나 멀리하려고 하겠지요.

하지만 그 사람을 끊어내지 못하고 매일 아침부터 밤까지 나에 대해 평가하고 비교하는 소리를 듣다 보면 어느 새 의기소침해지고 내가 정말 그렇게 이상한가 하는 생각을 하게 될 거예요. 우리 자아가 하는 행동이 바로 이런 것이랍니다. 끈덕지게 우리 자신의 면면에 점수를 매기는 일을 하지요. 타인과 비교하는 것 역시 내가 잘하고 있는지 아닌지 판단하기 위해 자아가 사용하는 한 가지 방법입니다. 자아가 내 머릿속에서 계속 나를 평가하는 이야기를 하니까 혹시 정말 그런지 내 마음이 흔들리는 것일 뿐, 실제로는 전혀 근거 없는 이야기일 수도 있다는 거예요.

그렇다면 왜 우리 자아는 자꾸 나를 평가하고 판단하면서 괴롭히는 걸까요? 앞서 말했듯, 내가 나를 평가하는 기능이 그 자체로 나쁘거나 잘못된 것은 아니에요. 내게 어떤 부족한 점이 있는지 알아야 이를 고치고 더 나은 사람이 될 수 있으니까요. 만약 우리가 자신의 행동에 전혀 관심을 기울이지 않고 어떤 실수나 실패, 잘못을 하더라도 전혀 개의치 않는다면 우리는 잘못된 길로 빠지고 말 거예요. 예컨대 주변 사람에게 큰 상처를 줘놓고 이런 자신의 행동에 대해 아무런 죄책감이 없는 사람을 상상해봅시다. 이런 사람은 곁에 아무도 남지 않을 거예요. 자신의 행동을 돌아보고, 잘못을 인정할 줄 알고, 사과하고, 고칠 줄 아는 사람이 훨씬 더 좋은 사람이라고 생각되지 않나요?

이렇게 스스로의 행동을 반성하고 고치는 행동은 모두 내가 나라는 사람과 내가 한 행동에 대해 곰곰이 생각하는 능력이 있어야 가능합니다. 달리 말하면 자신에 대해 평가할 수 있는 능력은 자기 성찰과도 맞닿아 있어요. 자기 성찰, 즉 자신의 행동거지를 되돌아보고 반성할 줄 아는 능력은 우리가 스스로에게 잔소리할 수 있는 동물이라서 존재할 수 있다는 것입니다. 이러한 이유로 자기 인식은 인간을 인간답게 만들어주는 능력이라고 말할 수 있습니다. 지금까지 알려진 바에 따르면 동물 중 오직 인간만이 자신의 과거 행동을 생각하며 반성하고 미래에 대한 계획을 세울 수 있어요. 토끼가 지난번 풀 수확량이 적었다며 어떻게 하면 수확량을 늘릴 수 있을지 고심하고 앞으로는 더 나은 토끼가 되겠다며 자격증을 따는 일은 일어나지 않는 것처럼요.

게다가 우리는 사실 아주 많은 잘못을 하죠. 말실수도 많이 하고 장난으로 한 행동이 누군가에게 상처를 주는 등 내 의도와 내 행동의 결과가 전혀 다를 때도 많아요. 때로는 화 같은 순간의 감정에 휩싸여서 해서는 안 될 말을 하거나 평소라면 하지 않았을 행동을 하는 등 잘못된 선택을 하기도 하지요. 그래서 잔소리하는 능력은 사실 꼭 필요하답니다. 내가 나에 대해 생각할 때 생기는 대표적인 감정이 부끄러움과 죄책감이에요. 밤에 자다가 이불을 차버리는 경우 역시, 다른 사람의 행동이 아니라 내 행동이 이상했다는 판단이 들 때, 그래서 부끄럽거나 창피하거나 할 때 나타나는 행동이랍니다. 이불을 찰 줄 안다는 것은 자기 성찰을 할 줄 아는 좋은 사람이라는 뜻이기도 한 것이지요.

이렇게 잔소리가 도움이 될 때도 많지만 중요한 건 앞서 말했듯 '적당히' 할 필요가 있다는 것입니다. 양육자는 자녀에게 엄해야 할 때가 분명 있습니다. 하지만 엄하기만 하다고 해서 좋은 것은 아니에요. 자녀가 아무런 잘못도 하지 않았는데 거짓말로 나쁜 평가를 내리면서 괴롭히는 것도 도움이 되지 않습니다.

하지만 안타깝게도 많은 사람이 비교가 필요 없고 비교해봤자 괴로워질 뿐인 상황에서도 비교하고, 하나도 이상하지 않은데 이상하다고 스스로를 트집 잡으며 괴로워합니다. 성격 같이 굳이 등수를 매길 수 없는 것에 등수를 매기고 말지요. 그나마 비교하기 쉬운 성적의 경우에도 한번 자신의 위치를 알고 나면 그 이후에는 공부하는 데 열중하면 됩니다. 계속해서 비교하게 되면 기분만 나빠지고 자신감만 낮아질 뿐 비교의 효용이 없기 때문입니다.

사람은 어떤 일을 할 때 기분이 좋고 해낼 수 있다는 자신감이 있어야 그 일을 계속할 수 있습니다. 어떤 일을 떠올릴 때마다 자책을 한다든가 열등감과 부끄러움 같은 부정적 감정이 생긴다면 과연 그 일을 계속하고 싶을까요? 아마 아닐 거예요. 나는 아마 안 될 거라거나 하기 싫다는 감정만 생겨나게 될 거예요.

이렇게 스스로의 행동을 돌아보고 평가할 수 있는 능력은 멋진 것이지만, 아무리 좋은 약도 과하게 먹으면 독이 되듯 이 또한 지나치면 독이 됩니다. 한 가지 다행스러운 점이라면 잔소리하는 능력을 통해서 어떤 잔소리가 건설적이고 어떤 잔소리가 쓸데없는 것인지 잔소리(평가)하는 것도 가능하다는 거예요. 잔소리 기능같이 내 마음에 내장된 나를 돕기 위해 만들어진 기능이 과열되거나 오작동할 때 내게는 이를 다스릴 책임과 능력이 있다는 것입니다. 내 마음이 습관적으로 자꾸 비교해서 기운이 빠질 때야말로 자아를 활용해서 '어떤 사람이 나보다 이런저런 것을 더 잘한다는 정보가 지금 내게 그렇게 중요한가?' 하는 질문을 던져볼 때입니다. 올림픽 금메달리스트도 세상 모든 일을 다 잘할 수 없는데, 내가 어떤 것을 좀 못한다는 게 그렇게 대수일까요? 세상에 충격을 받고 좌절할 일이 얼마나 많은데, 우리는 충격과 좌절을 좀 아껴둘 필요가 있어요.

언제부턴가 제 삶의 모토는 '이미 가뜩이나 불행한 삶에 나까지 앞장서서 불필요한 불행을 얹지 말자'가 되었어요. 비교가 대표적인 예입니다. 내가 머릿속에서 만들어낸, 실체도 없고 따라서 겪을 필요도 없는 불행인 셈이지요. 물론 비교를 통해 자극받을 필요가 있을 때도 있어요. 하지만 내 삶에 진짜로 문제가 존재하는 것이 아니라면 지금 이 생각은 불필요한 것이라며 분명히 선을 긋는 것이 좋습니다.

내 머릿속 자아의 잔소리를 의식해봅시다.

✦ 최근 일주일 동안 내가 스스로에게 한 말을 떠올려보세요.

✦ 그 말이 다음의 세 가지 중 어디에 해당하는지 생각해보세요.

- "넌 쟤처럼 왜 못해? 넌 뭘 해도 안 될 거야"처럼 나를 다그치고 주눅 들게 하는 부정적인 말
- "난 이런 점에서 내가 좋아. 난 이런 걸 참 잘하는 것 같아"처럼 나에게 용기를 주는 긍정적인 말
- "이런 행동은 사람에게 상처를 줄 수 있으니 앞으로는 그러지 말아야겠다. 자꾸 비교하면 계속 불만족스러울 수밖에 없으니 멈추자"처럼 나를 더 나은 행동으로 이끄는 말

✦ 어떤 종류의 말을 나에게 가장 많이 했나요?

만약 부정적인 말이 가장 많았다면, 자아의 장점보다 자아의 저주가 더 크게 작용하고 있다고 볼 수 있어요. 실제로 내 삶에 커다란 문제가 있지 않더라도 이런 부정적인 말을 스스로에게 계속한다면 열등감을 느끼고 우울하고 불만족스럽고 불행하기 쉽습니다. 스스로에게 부정적인 말을 너무 자주한다면 그 말을 내 소중한 친구에게 하는 말처럼 바꾸어보세요. 내가 가장 아끼고 사랑하는 친구에게 할 수 없는 말은 나에게도 해서는 안 됩니다. 나는 나와 평생을 함께 살아가는 만큼 나는 스스로에게 가장 좋은 친

구가 되어야 하거든요.

다른
사람이
나보다
못하면

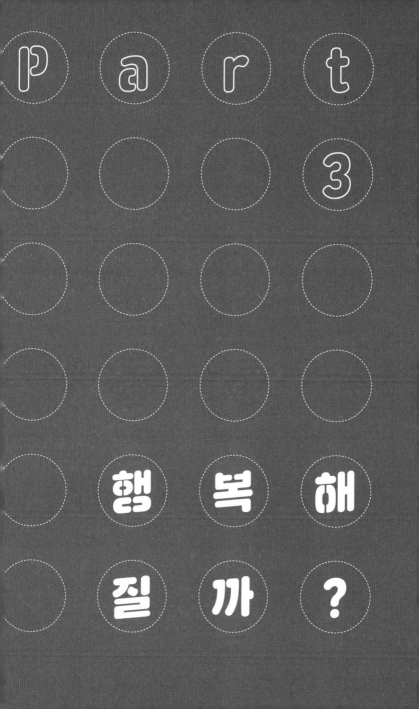

part 3

행복해질까?

우월감을 느끼기 위한
비교도 문제다

지금까지 쓸모 있는 비교도 있지만, 내가 모르던 정보를 주는 것이 아니라면 쓸모없는 비교라는 사실을 이야기했습니다. 우리는 (비교의 원래 목적대로라면) 사람들 사이에서 자신의 위치를 확인하고 뒤처지지 않기 위해 계속해서 비교를 하고, 내가 다른 사람보다 많이 못하다는 생각이 들면 불안에 빠져들곤 합니다. 물론 그 불안을 원동력으로 삼아 더 열심히 공부하거나 일하고 실제로 자신이 부족한 부분을 채우기도 합니다. 하지

만 열등감이 고민인 사람은 비교와 좌절을 습관적으로, 밥 먹
듯이 반복하는 것이 문제입니다. 또 남보다 뛰어나게 된다고
해서 사랑받거나 불안이 없어지는 것도 아니라는 점을 살펴보
았습니다.

흔히 비교가 문제라고 하면 대부분 '상향 비교(upward comparison)', 즉 나보다 더 잘난 사람과 비교하며 열등감을 느끼
는 경우를 이야기합니다. 하지만 비교에는 상향 비교만 있는
것이 아닙니다. 우리는 나의 위치를 파악하고 더 나아지기 위
해서, 아니면 열등감을 느끼는 것이 습관이라서 비교를 하기
도 하지만, 때로는 반대로 단지 내 기분을 좋게 만들기 위해,
우월감을 느끼기 위해 비교를 하기도 합니다. 자신이 남보다
더 잘나간다는 것을 확인함으로써 기분을 끌어올리고 싶은 사
람은 때론 타인을 끌어내림으로써 이를 자신이 잘하고 있다는
증거로 삼고 싶어 하는 것이지요. 즉 비교가 때로는 시기와 질
투, 미움과 화를 불러오기도 하는 것입니다. 정확히는 나와 타
인을 일렬로 줄 세워서 누가 앞이고 누가 뒤인지 따지는 버릇,
모든 일에서 다 앞서려고 애쓰며 우월감을 추구하는 버릇이
나와 타인 모두에게 좋지 않은 영향을 미치곤 합니다.

다른 사람이 나보다 못하면
행복해질까?

일반적으로 자신보다 상황이 '나은' 사람과의 상향 비교는 좌절과 우울함 등의 부정적 정서를 불러오는 반면, 자신보다 상황이 더 '나쁜' 사람과의 '하향 비교(downward comparison)'는 안도감과 감사함, 행복감 등의 긍정적 정서를 불러온다고 알려져 있습니다. 일상생활에서도 흔히 '너보다 더 힘든 경우를 생각하라'고 하는 등 하향 비교를 통해 자신의 상황이 크게 나쁘지 않으며 아직 세상은 살 만하다는 희망을 느껴보려는 시도를 쉽게 찾아볼 수 있어요. 따라서 꼭 비교를 해야 한다면 상향 비교보다는 그나마 하향 비교가 낫다고들 하지요.

하지만 하향 비교에도 문제가 있으니, 하나는 타인의 불행을 나의 위안으로 삼는다는 점에서 윤리적으로 바람직하지 않다는 것입니다. 또 불행에 빠진 타인을 위로하는 게 아니라 결국 '나'를 위로한다는 점에서 지나치게 자기중심적이라는 문제점도 있지요. 그러다 보니 하향 비교 역시 상향 비교 못지않게 많은 문제를 안고 있다는 지적이 나오고 있어요.

우선 하향 비교가 기분을 나아지게 한다고들 하는데, 정말일까요? 자신보다 상황이 나쁜 사람을 보고 단기적으로는 위안을 받을 수 있습니다. 하지만 한편으로는 '나도 나쁜 상황에 처할 수 있다'는 불안 또한 마주할 수 있다는 문제가 있습니다. 예컨대 암, 심혈관 질환, 당뇨같이 만성 질환을 앓는 환자의 경우 병에 걸린 초기에는 자신보다 상태가 좋지 않은 사람을 보며 위안을 얻곤 하지만, 병이 지속되면 점점 하향 비교로 인해 부정적 정서가 늘어난다는 연구 결과가 있었습니다.

자신보다 병세가 훨씬 심각한 사람을 보면 지금 자신은 그렇지 않아 다행이라는 마음이 생기지만 이는 잠깐뿐이며, 곧 자신도 앞으로 얼마든지 더 나빠질 수 있다는 불안이 생기는데 이 불안은 오래가기 때문입니다. 반대로 자신보다 상태가 좋은 환자를 보면(상향 비교) 처음에는 부러운 마음이 크고 그렇지 못한 자신을 보며 착잡한 마음이 들지만, 한편으론 나도 얼마든지 좋아질 수 있다는 '희망' 또한 얻는 현상도 나타납니다. 즉 같은 입장에 처한 사람으로서 옆에 있는 누군가의 불행은 곧 나의 불행일 수 있으며, 같은 맥락에서 다른 이의 행복은 곧 나의 행복이자 희망일 수 있다는 것이지요.

또한 하향 비교는 사람들을 좀 더 이기적이게 만들기도 해요. 물론 자신보다 상황이 나쁜 사람을 생각함으로써, 예컨대 다른 사람의 아픔을 내 것처럼 느끼는 '공감'의 효과처럼 기부나 봉사 같은 친사회적 행동이 증가할 것이라는 주장도 있어요. 하지만 하향 비교의 목적은 타인의 불행을 깨닫고 타인의 아픔을 줄이는 것에 초점을 맞추는 것이 아니라 나의 슬픔을 줄이는 데 있다는 점이 중요합니다. 애초에 목적이 누군가를 돕는 데 있는 것이 아니라 다른 사람의 불행을 재료로 내 기분을 좋게 하는 데 있기 때문에 이런 목적을 가지는 한 아무리 타인의 아픔을 봐도 여기에 공감하거나 타인을 도우려 하지는 않는다는 것이지요.

'불행은 동료를 좋아한다'는 말이 있어요. 타인의 불행이 내 안식의 한 가지 원천인 경우, 타인의 불행을 누그러뜨리는 행위는 곧 나의 안식을 해치는 행위이기도 합니다. 즉 타인의 불행을 통해 안도감을 느끼는 경우 힘들어하는 주변인이 계속해서 불행하기를 바라는 것이지요. 그래야 계속 비교를 하며 안도감을 느낄 수 있기 때문입니다. 하지만 아무런 실질적 효용이 없는(아무런 동기 부여나 새로운 정보 또는 바람직한 행동을 가져다주지 않는) 비교로 우월감을 느낀다 한들, 나에게 어떤 이익이 있을까요? 기분이 좋아지는 것은 잠깐이지만 주변 사람에게 상처를 입히거나 잘못을 저지르는 데서 오는 죄책감은 오래갑니다.

그렇다면 타인의 불행을 마주했을 때 어떤 태도를 갖는 게 좋을까요? 역시 가장 중요한 것은 타인의 불행을 인식했을 때 '나만 힘든 게 아니구나' 하고 위안을 얻는 것에서 그치지 않는

것입니다. 저 사람이 얼마나 힘들지도 생각해보고, 나아가 나와 나보다 힘든 이들 모두 평안해지길 바라는 것입니다.

이렇게 실제로 사람들에게 힘들어하는 자신과 타인을 향해 평안과 행복을 기원하는 마음을 꾸준히 떠올리게 하면, 단순히 하향 비교를 했을 때에 비해 부정적 정서는 감소하고 긍정적 정서는 증가했다는 연구가 있었습니다. 자신과 타인의 안녕을 바라는 사람은 그렇지 않은 사람에 비해 이후 측은지심이나 타인을 돌보고 아껴줘야겠다는 마음, 우리는 서로 연결되어 있다는 생각도 더 많이 하는 것으로 나타났습니다.

타인을 축복하는 마음을 연습하면 타인의 성공이 내게 상향 비교가 되어 아프게 꽂히기보다 희망과 행복이 될 수도 있습니다. 좋아하는 아이돌 가수나 운동선수, 배우의 성공을 응원한 적은 없었나요? 응원하던 사람이 잘되면 나 또한 기쁘기 마련이니까요.

시기와 질투의 효용이나 어설픈 자기 위안의 유통 기한은 짧습니다. 반면 내가 어떤 태도로 삶을 살아가는 사람인가 하는 문제는 오래갑니다. 다른 사람을 응원하고 축복하는 마음을 통해 더 행복해지고 더 성숙한 사람이 된다면 나에게도 모두에게도 장기적으로 가장 좋은 일이 될 거예요.

시기하지 않을 수 있을까?

하향 비교를 통해 단순히 위안을 얻는 것에서 좀 더 나아가 때로는 타인의 불행을 고소해하고 좋아하는 일도 일어납니다. 흔히 '시기'라고 하는 것인데요, 독일어에 '샤덴프로이데(Schadenfreude)'라는 말이 있습니다. 타인의 불행을 기뻐하는 마음 상태를 일컫는 말로, 예를 들어 친구가 시험을 잘 치르지 못했을 때 겉으로는 "아이고, 저런!"이라고 하면서 속으로는 내심 기뻐하는 것이 여기에 해당합니다. 앞서 언급했듯이 타인이 망한다고 해도 내 성적이 올라가거나 운동 실력이 좋아지는 것과 같은 별다른 이득이 없을 때가 많은데도 기분이 좋아지는 이유는 뭘까요?

네덜란드 레이던 대학 심리학과의 빌코 판데이크(Wilco van Dijk) 교수는 다음과 같은 실험을 했습니다. 학생들에게 잘나가는 한 학생의 인터뷰 내용을 들려주었어요. 이 학생은 아주 뛰어나서 성적도 좋고 아마 취직도 잘될 거라는 내용이었지요. 그러고 나서 최근 소식이라며 사실 이 학생에게 안 좋은 일이 생겨서 졸업 논문을 엉망으로 썼고 따라서 졸업이 늦춰질 거라는 이야기를 들려주었습니다. 그러고는 학생들에게 내심 얼마나 안도했는지, 이 학생이 잘 안 돼서 얼마나 다행이라고 느꼈는지에 대해 물었어요.

어떤 사람이 이 학생의 불행에 기뻐했을까요? 바로 습관적으로 다른 학생과 자신을 비교하는 사람이었습니다. 항상 남과 비교하는 버릇을 가진 학생은 거의 자동으로 이 학생의 불행이 솔직히 자신에게는 다행스러운 일이라는 반응을 보였어요. 이 학생의 졸업이 늦어진다고 해서 자신이 졸업을 제때 잘

하게 되는 것도, 반대로 이 학생이 성공적으로 졸업한다고 해서 자신이 졸업을 못 하게 되는 것도 아닌데 말이에요. 실제로 아무런 이득이 없는데도 다행이라는 감정을 느끼는 것은 감정이 오작동하는 현상입니다. 실제로 기뻐할 만한 일은 아무것도 일어나지 않았는데 기뻐하는 것이니까 이는 금방 사라질 허상에 기반한 가짜 기쁨인 것이지요.

심지어 평소 이미 충분히 성적이 좋았더라도 비교하는 습관을 가진 학생일수록 다른 학생의 성공에 큰 위협을 느끼는 모습을 보였어요. 이는 앞서 살펴본 류보머스키의 실험과 같은 현상이지요. 성취감을 느끼는 기준이 자신의 실력이 아닌 '타인'의 실력인 것이니까요. 반면 평소 자존감이 낮은 편이고 자신을 탐탁지 않게 여겼지만 굳이 남과 자신을 비교하지 않는 사람은 타인의 성공에 위기감을 느끼지도, 타인의 실패에 고소해하는 모습을 보이지도 않았어요. 자존감과는 별개로 타인과 비교해서 우월감을 느끼려는 쓸데없는 욕구가 사람들로 하여금 타인의 불행을 기뻐하게 만든다는 것이지요.

이렇게 타인과 비교해서 우월한 위치를 확인하는 식으로

내 자아를 끌어올리려는 습관이 문제라면, 우월감을 재료로 삼지 않는 건강한 자존감의 원천을 확보하게 하면 어떨까요? 이런 생각에 착안해서 연구자들은 사람들에게 누가 뭐라고 해도 자기 삶에서 가장 중요하다고 여기는 가치가 있는지 떠올려보게 했어요.

내 삶에서 '진짜' 중요한 가치가 무엇인지, 또 그 이유는 무엇인지 떠올리는 과정을 '자기 확인(self-affirmation)'이라고 해요. 여러분의 삶에서 절대로 놓치고 싶지 않은 가치는 무엇인가요? 선한 영향력을 펼치는 사람이 되는 것, 소중한 친구들과 오래오래 함께하는 것, 하고 싶은 일을 하며 사는 것 등등 무엇이든 좋아요. 사람들로 하여금 중요한 나만의 가치를 떠올리게 하면 그것만으로 '그래, 난 이런 사람이었어! 내 삶에는 이런 의미가 있었어!'라며 자신의 삶에서 비교우위보다 더 중요한 것이 무엇인지 깨닫고 비교를 덜하게 되는 현상이 나타나요. 매일 아무리 열심히 비교를 해도 내게 진짜로 중요한 가치가 실현되지는 않거든요. 비교하며 슬퍼하고 머리 아파할 시간에 친구들과 좋은 시간을 보내는 것이 훨씬 중요하고 가치 있는 일인 것이지요. 판데이크의 연구에서도 이렇게 삶에서 가장 중요한 가치에 대해 생각해본 학생들은 자기보다 더 잘난 다른 학생을 보더라도 자존감에 위협을 받는 일이 적었고, 이 학생의 실패에 기뻐하는 현상도 덜 보였어요.

많은 경우 시기심은 실제로 득이 되기보다 나만 괴롭게 만들 뿐입니다. 또한 당연히 존재할 수밖에 없는 나보다 잘난 사람의 존재에 계속해서 지옥을 넘나들며 휘둘릴 뿐이지요. 다시 말하지만 잘난 사람의 존재가 내게 진짜로 나쁜 영향을 주는 순간은 바로 내가 비교하기 시작하는 순간입니다. 비교우위를 기반으로 내 가치를 확인하려 하는 순간 갑자기 나보다 더 잘난 사람들만 눈에 들어오고 실제로는 그렇지 않더라도 어떻게든 내 삶이 다른 누군가의 삶보다 덜 가치 있어 보이는 등 헤어날 수 없는 불행이 시작되니까요.

다른 사람의 잘남처럼 내가 통제할 수 없고 또 성급한 일반화의 오류를 범하기 쉬운 요소에 얽매이기보다는 나만의 행복과 나만의 가치를 추구하고 소소한 선행을 하며 내 삶을 뿌듯하게 여길 수 있다면 행복은 보다 단단해질 것입니다. 비교로 쌓아올린 행복은 언젠가는 무너져 내리기 마련이니까요. 내 삶이 괜찮다는 증거를 비교가 아닌 나의 내면, 나만의 경험에서 찾도록 합시다. 우리가 실제로 경험할 수 있는 것은 오직 내 삶이니까요.

내 삶에서 중요한 것이 무엇인지 찾고 기억해봅시다. 다음의 질문에 답을 세 개 이상 적어보세요.

✦ 나를 행복하게 만들어주는 것은 무엇인가요?

 우리 동네 맛집 찾기, 친구들과 이야기 나누기,
하늘 사진 찍기, 혼자 영화 보기 등

✦ 내가 추구하면서 살고 싶은 중요한 가치는 무엇인가요?

 나누고 베푸는 삶, 어딘가에 얽매이지 않는 자유,
마음의 평화, 소중한 관계를 아끼고 유지하기,
창의성 발휘하기, 모험심 잃지 않기 등

내가 던진 돌에
내가 맞는다

삶에서 중요한 다른 가치를 놔둔 채 비교우위를 내 자존감의
계기판으로 삼고 시기와 질투, 타인을 깎아내리는 일을 반복
하다 보면 결국 자신에게도 해가 됩니다. "누군가를 향해 분
노를 품는 것은 그 사람이 죽기를 바라면서 스스로 독을 마시
는 것과 같다(Resentment is like taking poison and waiting for the
other person to die)"라는 말이 있습니다. 타인이 망하길 바라
며 분노를 뿜어내지만, 밖으로만 향하는 줄 알았던 분노는 사

실 내 안으로도 파고들어 나를 먼저 망가뜨린다는 뜻이에요. 미움과 분노뿐 아니라 질투와 시기 같은 대부분의 악의는 타인을 해하려는 만큼 또는 그 이상으로 나를 해하고 말거든요.

쉽게 접할 수 있는 예로 연예인이나 유명인 등 선망의 대상이 되는 사람은 쉽게 질투와 시기, 비방의 표적이 됩니다. 심지어 기부를 했다는 뉴스에도 착한 척한다거나 별로 큰 액수도 아닌데 생색을 낸다는 등의 공격적인 댓글이 달리곤 합니다. 눈앞에서 웃는 사람이라도 가정폭력이나 각종 범죄의 피해자일 수 있다는 말처럼 사람은 누구나 자기만의 사연과 아픔을 안고 살아가기 마련이지요. 하지만 단지 겉으로 드러나는 모습이 화려하다고 해서 멋대로 저 사람은 아무런 어려움 없이 쉬운 인생을 살아간다고 단정 짓고는 질투의 대상으로 삼곤 합니다. 나는 이렇게 힘들게 사는데 내가 보기에 너는 너무 쉽게 살아간다며, 그들이 내 모든 불행의 원인인 양 애꿎은 사람에게 독을 뿜어내기도 합니다. 때로는 부러움의 대상이 되는 사람이 추락하는 것을 보고 싶어서 거짓말로 모함하는 일까지 서슴지 않기도 하지요.

내 문제의 진짜 원인은 다른 곳에 있는데도 굴절된 분노를 내뿜으면 일단 속이 후련해질 수 있습니다. 하지만 문제는 그 이후입니다. 다른 감정과 달리 분노와 악의는 뿜어내면 뿜어낼수록 해소되기보다는 더 강해지는 특성이 있기 때문이에요. 화를 내다 보니 점점 더 화가 나는 경험을 한 적이 있지 않은가요? 부정적 감정 중에서도 화는 특히 문제의 원인을 내가 어디로 돌리느냐, 즉 나의 '해석'에 따라 결정되는 감정이기 때문에 나타나는 현상입니다.

예컨대 누군가 내게 똑같은 실수를 해도 '그럴 수 있지' 하며 넘어가면 화가 나지 않지만, '저 사람이 나를 무시해서 일부러 저랬다'고 생각하면 화가 치솟곤 하지요. 연구자들이 이런 실험을 한 적이 있습니다. 사람들에게 심장을 빨리 뛰게 하는 약물을 주고 혼자 있게 하거나 또는 다소 실례가 되는 발언을 하는 사람과 함께 있게 합니다. 그러고 나서 사람들의 반응을 관찰했지요. 똑같이 심장이 빠르게 뛰었지만 혼자 있었던 사람들은 마음이 조금 불안한 것 같다는 모호한 반응을 보였지만, 옆에 비난할 만한 다른 누군가가 있었던 사람들은 바로 저 사람의 무례함 때문에 내가 화가 났다고 해석하며 크게 분노

하는 모습을 보였어요. 화가 작용하는 방식은 꽤나 주먹구구식이어서 때마침 돌(화)을 들고 있었는데 누군가 지나간다면 그 사람 때문에 돌을 집어들게 되었다고 믿는 식이라는 거예요. 하지만 사실 먼저 돌을 집어든 사람은 나입니다. 따라서 돌을 내려놓는 결정을 내려야 하는 것도 바로 나인 것이지요.

질투와 시기도 마찬가지입니다. 미국 노스캐롤라이나 주립대학교의 심리학자 안나 벨러(Anna Behler) 등에 의하면 질투의 반대말은 '감사'입니다. 감사는 내가 가진 것을 떠올리며 생겨나는 감정인 반면, 질투는 누군가를 보며 내가 가지지 못한 것을 생각할 때 튀어나오는 감정이기 때문입니다. 즉 질투는 내가 시기하는 사람 역시 가진 것 못지않게 가지지 못한 것이 있을 텐데도 가진 것만 바라보고는 성급히 '다 가졌네'라고 판단할 때 생기는 감정인 것이지요.

벨러의 연구 팀은 질투와 시기가 우리에게 독이 되는 방식을 알아보기 위해 다음과 같은 실험을 했습니다. 사람들에게 부러움과 시기심을 느꼈던 경험에 대해 생각해보거나 또는 어제저녁에 한 일처럼 평범한 일을 생각해보게 합니다. 그러고 나서 필통을 쏟아서 펜을 바닥에 다 떨어뜨리는 등 도움이 필요한 사람을 마주치게 합니다. 그러자 잠시 동안 시기심을 느꼈던 사람들은 눈앞에 도움이 필요한 사람이 나타나도 더 높은 확률로 도움을 주지 않는 모습을 보였습니다. 이들은 같이 펜을 줍더라도 시기심을 떠올리지 않은 사람들에 비해 적은 수의 펜을 집는 모습을 보였어요.

또 다른 실험에서는 사람들로 하여금 다른 실험 참가자에게 쉽거나 어려운 과제를 직접 선정해서 주도록 했어요. 과제를 성공적으로 완성해야 보상을 받을 수 있는 상황이었습니다. 따라서 어려운 과제를 준다는 것은 타인이 성공하지 않기를 바란다는 것을 의미합니다. 이번에도 역시 시기심을 떠올린 사람들이 그렇지 않은 사람들에 비해 애꿏은 타인에게 어려운 과제를 주고 그 사람의 성공을 방해하는 모습을 보였습니다.

우리는 보통 나 또한 누군가에게는 편하게 사는 존재로 인식되고, 부러움과 시기의 대상일 수도 있다는 생각은 잘 하지 않습니다. 하지만 모든 것을 다 가진 사람이란 없으며 사람들은 다 제 나름의 결핍과 부족함을 짊어지고 살지요. 내게는 없지만 저 사람에게는 있는 것, 또 반대로 저 사람에게는 없지만 내게는 있는 것을 찾자면 무한히 찾을 수 있을 거예요. 하지만 그럼에도 항상 내가 가지지 못한 것만 커 보이고 아파 보인다는 게 문제입니다. 이 때문에 비슷하게 아픈 인생을 힘겹게 살아가면서도 서로 힘을 보태기보다 너도 망해보라며 서로를 공격하는 일이 발생하는 것입니다. 하지만 이 얼마나 소모적인가요? 미움과 시기는 그걸 하는 사람에게도, 당하는 사람에게도 고통만 늘릴 뿐 아무에게도 도움이 되지 않으니까요.

고전적인 윤리적 딜레마 중 '트롤리 문제(Trolley dilemma)'라는 것이 있어요. 브레이크가 고장 난 기차가 선로를 질주하고 있는데 그 순간 한 명을 기차 아래로 깔아 브레이크로 삼으면 이후 더 많은 사람이 죽는 상황을 방지할 수 있다고 상상해봅시다. 이때 어떤 선택을 할 것인지를 묻는 문제입니다. 하지만 최근에는 변형된 트롤리 문제가 등장했어요. 선로에 사람들이 줄지어 묶여 있는 상황에서 이미 여러 사람이 기차에 깔려 죽고 만 상황입니다. 이때 아직 기차가 도달하지 않은 다른 선로가 있고, 여기서는 묶인 사람들을 대피시켜 모두 살릴 수 있습니다. 당연히 이 사람들이라도 살려야지 이게 무슨 윤리적 딜레마를 일으키나 싶은 상황입니다. 하지만 점점 많은 사람이 일상생활에서 이와 같은 딜레마를 마주했을 때 남은 사람을 살리면 이미 기차에 치여 죽은 사람에게 불공평한 일이 된다며, 따라서 모두 다 죽게 내버려둬야 한다는 태도를 보인다는 지적이 나오고 있습니다. 나만 불행할 수 없다는 억울한 물귀신 정서라고나 할까요. 하지만 모두가 불행해지는 세상이 과연 정의로운 세상일까요? 그보다 나는 힘들었지만 너희는 힘들지 않았으면 좋겠다고 하는 사람이 많아지는 세상이 더 좋은 세상이지 않을까요?

내 고통이나 내게 없는 것만을 생각하고 거기서 헤어나지 못하면 세상 모든 사람을 미워하는 불행한 사람이 되어버리기 십상입니다. 나의 힘듦뿐 아니라 타인의 힘듦 또한 함께 바라보고, 또 내가 가지지 못한 것 못지않게 가지고 있는 것에도 균형 있게 주의를 주는 태도가 인간을 인간답게 만드는 동력일 것입니다.

내가 가진 것을 발견하고 감사하는 마음을 연습해보도록 해요.
오늘 하루 동안 감사한 일이 무엇이 있었는지 세 가지만 떠올려
보세요. 아주 사소한 것도 괜찮습니다.

✦ 하나.

✦ 둘.

✦ 셋.

여기서 그치지 말고 매일 감사할 만한 일을 세 가지 이상 떠올려
보거나 적어보세요. '감사 일기장'을 따로 만드는 것도 도움이 될
거예요. 얼마 동안 몇 가지를 쓰든 핵심은 우리가 가진 것, 우리
삶의 소소한 행복과 기쁨에 집중하는 마음을 훈련하고 유지하는
것입니다.

열등감의 기저에는 다른 감정이 깔려 있을 수 있다

어떤 경우에는 사실 내가 못나서, 남보다 부족해 보여서 힘든 것이 아니라 다른 이유로 힘든 것인데, 그저 가장 눈에 띄는 쉬운 이유를 내 힘듦의 원인으로 해석하기도 해요. 예를 들어 외로움이나 부정적인 감정 들을 자꾸 외면하기 때문에 괴로운 것인데, 내가 남보다 우월해지면 이런 문제가 자동으로 좋아질 거라고 착각하는 것이지요.

저는 어릴 때 집안 사정이 어려워져서 급식비를 내지 못했던 적이 있어요. 점심시간이 되면 교실에서 슬쩍 빠져나와 혼자 학교 안을 정처 없이 돌아다니곤 했는데, 그럴 때면 대체로 화가 나 있었던 것 같습니다. 이런 상황을 들키고 싶지 않다는 부끄러움도 있었고 뭔가를 원망하고 싶은 마음도 있었지요. 열등감과 함께 다양한 감정이 버무려져 마음속이 복잡했지만 대충 '그냥 다 싫고 짜증 나'라고 하는 상태였던 것 같습니다. 친했던 친구들에게도 뭐가 힘든지 말도 안 하고는(그냥 밥맛이 없다거나 매점에서 사먹을 거라고 대충 둘러댔지요) 내가 이렇게 힘든데 잘 몰라준다며 툴툴거리기만 했어요. 친구들이 말하는 "쟤, 요즘 왜 저래?"의 '쟤'가 바로 저였습니다. 다 나보다 잘사는데 나만 불행하고 나만 세상에서 제일 힘든 것 같아서 모두를 미워했던 것 같아요.

그러던 중 어느 날 야간 자율학습 시간에 답답해서 교실을 빠져나와 조용한 학교를 혼자 돌아다녔습니다. 당시 학교는 언덕에 걸쳐 계단식으로 지어진 독특한 건물이어서 층이 많았고 어떤 층에는 작은 화단이 딸려 있었어요. 이전에는 눈치채지 못했던 화단의 존재가 신기해서 나가 보니 어두워지기 시작한 때라 서늘한 공기가 온몸으로 느껴졌습니다. 여기에 나만 있다는 생각이 들어 왠지 모르게 마음이 놓였습니다. 그러다가 오랜만에 마음이 풀어지는 경험을 했습니다.

모든 게 다 싫고 밉다며 씩씩거리던 마음이 차분해지고 나니 진한 외로움이 밀려왔습니다. 화가 난 줄로만 알았는데 사실 나는 외로웠던 거로구나 하는 깨달음을 얻었지요. 처음으로 철저히 혼자라는 느낌을 받았어요. 사실 알고는 있었는데 모르는 척해왔던 감정을 처음으로 직면한 것이지요. 갑자기 절대 도망칠 수 없을 것만 같은 큰 외로움이 밀려와서 당황스러웠어요. 외로워서 힘들다는 말을 이해하게 된 순간이었습니다.

그러다가 문득 처음으로 바라본 이 감정이 이상하게도 조금 소중하게 느껴졌습니다. 이렇게 힘들게 돌고 돌아서 만난 감정인데, 감정을 처음 직면한 순간으로부터 도망치면 아까울 것 같다는 생각이 들었습니다. 눈을 감고 심호흡을 하면서 "나는 외롭다. 이게 외로움이구나. 외로움은 이런 감정이구나" 하고 되뇌며 외로움을 찬찬히 바라보았지요. 한참을 그렇게 잠

나는 외로웠던
거로구나

자코 혼자 서 있었습니다. 어느덧 외로움이라는 게 생각보다 그렇게 나쁘고 무서운 것이 아니라는 생각이 들기 시작했어요. 외로움이 그 자체로 무섭고 위협적인 감정이라기보다 내가 지레 겁을 먹고 도망치려 했기 때문에 두렵다고 느낀 게 아닐까, 존재하는지, 어떻게 생겼는지도 모르는 외계인의 침공을 두려워하는 것처럼 그냥 이 감정을 잘 몰라서 두려운 것이라고 단정 지은 것은 아닐까, 생각하게 되었습니다. 감정을 온전히 느낀 그 순간이 아름답게 느껴졌습니다.

마음이 힘들 때 감정을 직면하고 그대로 받아들이는 것이 중요하다고들 합니다. 하지만 구체적으로 어떻게 해야 좋은 것인지 아는 사람은 많지 않지요. 저는 앞에서 말한 것이 감정을 직면하고 그대로 받아들인 대표적인 경험이었어요.

우리 마음에 떠오르는 감정을 있는 그대로 바라보고 받아들이는 것을 마음 챙김이라고 합니다. 이때 가장 중요한 것은 감정을 판단하지 않는 것입니다. 감정 때문에 힘든 것 못지않게 '내 감정을 판단하는 나' 때문에 힘들 때가 많기 때문이지요. 예컨대 외로워서 힘든데 여기에 더해 내가 외롭다는 사실이 짜증 나고, 다른 사람은 잘 지내는 것 같은데 나만 외로운 것 같아서 억울하고, 또 외롭다고 해서 이렇게 무너지는 내가 싫고…. 이렇게 많은 사람이 감정에 더해 그 감정을 좋거나 나쁘다고 판단하는 과정에서 괴로움을 늘려 나갑니다.

제 분노와 불만 역시 외로움이 만들어낸 감정이라기보다, 외로움에 대한 나의 잘못된 대처법이 만들어낸 불필요한 고통이었습니다. 즉 누구보다 나의 감정에 지레 겁을 먹고 감정이 보내는 메시지도 들어보기 전에 외면하기로 결정한 나 때문에 두렵고 힘들었던 것이지요. 많은 학자들이 '감정에 자동으로 반응(react)하지 말고 대응(respond)할 것'을 강조하는 이유가 이 때문입니다. 우리는 감정에 수동적으로 반응하기만 하는 존재가 아니라, 적극적으로 그 감정에 대처함으로써 해당 감정에 대한 최종 경험을 얼마든지 바꿀 수 있는 존재이기 때문입니다.

이렇게 감정을 멋대로 판단하지 않고 적절히 대응하기 위해서는 시야를 넓혀 감정을 널리 살펴보는 것이 중요합니다. 어떤 사람의 한 가지 모습만 가지고 그 사람 전체를 판단하는 것이 현명하지 않은 행동이듯, 감정을 대할 때도 이 감정의 한 가지 모습에만 치우쳐 전체를 판단하는 일을 피해야 합니다. 열등감을 느낄 때에도 단지 내가 부족하기 때문에 열등감을 느끼는 것이라며 남보다 우월해지기 위한 노력에만 초점을 맞추기보다는, 그 감정의 이면에 불안과 고립감, 우울 같은 다른 감정이 있지는 않은지 알아차리는 것이 필요합니다. 나라는 인간이 복잡한 존재인 만큼 내 감정의 세계 또한 복잡하기 때문입니다.

단지 짜증 또는 분노라고 해석했던 내 상태의 기저에 거대한 외로움이 있었던 것처럼, 또 외로움을 대했을 때 쓸쓸한 한편 아름답다는 마음이 들었던 것처럼 우리의 감정 경험이 전적으로 단 하나의 감정에 의해 지배되는 경우는 흔치 않습니다. 예컨대 특정 물체나 벌레에 공포증을 보이는 사람 중에도 처음에는 무섭다고만 생각했는데 알고 보니 무섭다기보다 불쾌함이나 혐오감이 더 큰 것 같고 피하고 싶은 것 못지않게 호기심도 느껴지고 사실 조금 흥분되기도 한다고 복잡한 마음을 말하는 이도 있습니다. 이렇듯 우리 마음을 채우는 감정의 세계는 언제나 풍부한 편이지요. 후회 또한 슬픔, 화, 미련, 아쉬움, 상실감, 대상의 소중함에 대한 깨달음을 내포하는 등 감정 안에는 언제나 한 편의 영화 못지않은 다양한 이야기가 담겨 있어요. 그러니 때로는 한 발짝 떨어져서 '내 마음은 이렇구나. 이런저런 감정이 느껴지고 이런저런 생각이 일어났다 사라지기를 반복하는구나' 하고 마음의 상태를 살펴보는 것도 좋습니다. 그 과정에서 내 마음이 안고 있던 진짜 문제가 무엇인지 알아차리게 될 수도 있으니까요.

바쁘게 생활하다 보면 내 감정을 들여다볼 시간이 별로 없어요.
그러다 보면 감정의 원인도, 그 감정의 해소 방법도 몰라서 왠지
우울한 채로 매일을 보내기도 하지요. 내 마음을 들여다보는 연
습을 해볼까요?

✦ 최근 우울하거나 슬프고 화가 나는 등 부정적인 감정을 느꼈던 순간을
떠올려보세요.

 기말고사 성적표를 받았을 때 우울했다.

✦ 그런 감정을 느꼈던 이유는 무엇일까요?

 노력했는데도 결과가 좋지 않아서
→ 계속 노력해도 이런 결과를 얻으면 나중에
   내 미래도 망쳐질 것 같아 불안했다.

✦ 그런 감정을 해소하기 위해 내가 할 수 있는 일은 무엇일까요?

 이 성적 하나가 나의 가치나 미래를 모두 결정한다는 식의
극단적이고 단정적인 생각 버리기, 잠시 기분 전환을 위해 나를
행복하게 하는 일 하기, 실수한 부분을 점검한 뒤 결과를
곱씹는 것에서 벗어나기 등

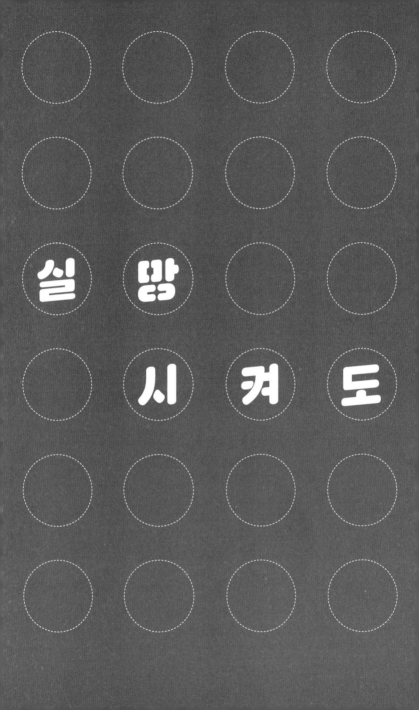

part 4

괜찮아요

여러분 탓일 리가 없어요

한편 우리가 우열을 따지고 우월해지는 것에 목숨을 걸게 된데는 주변 사람, 특히 양육자의 영향이 적지 않습니다. 앞서 사랑받기 위한 한 가지 방편으로 우리는 비교를 하기 시작했다고 이야기했지요. 안타깝지만 어떤 양육자는 자녀에게 조금이라도 부족하면 아주 큰일이 나는 것처럼 겁을 주곤 합니다. 그러다 보니 자신의 부족함에 지나치게 예민한 내적 계기판을 가지게 되는 아이도 있습니다.

안타깝지만 모든 아이가 사랑받고 크는 것은 아닙니다. 조금이라도 따뜻한 시선을 얻기 위해 매 순간 자신의 가치를 증명하려 애쓰는 아이도 많습니다. 예컨대 보수적인 집안에서 딸로 태어나 사랑보다 차별에 먼저 익숙해지고, 그럼에도 양육자의 칭찬 한마디가 듣고 싶어서 좋은 성적같이 뛰어난 성과를 보이는 데 집착하게 된 경우, 또 어린 나이에도 양육자의 감정 상태나 양육자가 원하는 것을 면밀히 파악해서 착한 아이가 되는 데 집착하게 된 경우(나이에 비해 성숙하다거나 일찍 철이 들었다는 말을 듣는 아이) 등이 있습니다.

이렇게 무관심과 방치 또는 아이에게 사랑과 안전을 볼모로 양육자가 원하는 행동을 하게끔 하는 등의 정서적 학대를 겪은 아동은 그렇지 않은 아동에 비해 특히 여성의 경우 남성보다 우울, 불안, 섭식장애, 높은 스트레스 등을 겪을 확률이 높다는 연구가 있었어요.

여기에는 학대 자체도 문제지만 학대적이고 가혹한 양육 방식이 이후 '스스로에게 학대적이고 가혹한 자아'를 만들어 내는 탓도 큽니다. 즉 양육자로부터 받았던 가혹한 비난과 평가, 깎아내리기는 양육자가 사라진 후에도 어느새 내가 나에게 하는 비난, 평가, 깎아내리기가 되어 내 목소리의 형태로 계속 남곤 합니다. 자신이 받은 학대가 자기 안에 내면화되는 것인데요. 고문하는 사람 없이도 스스로를 고문하는 사람은 이런 식으로 만들어집니다.

예를 들어 사랑과 돌봄을 '받는' 것도 그것을 잘하는 사람과 잘하지 못하는 사람이 있습니다. 어렸을 때부터 적절한 돌봄을 받고 자란 사람은 돌봄을 받는 데 익숙하고 또 본인도 자신을 향해 따뜻한 태도를 취하는 데 거부감이 없는 편입니다. 칭찬이나 보상을 기쁘게 받는 데 익숙하고, 결과가 어떻든 열심히 노력한 자신을 스스로 대견하게 여기거나 특별히 맛있는 걸 먹으러 가는 등 자기 자신에게 보상을 주는 데 인색하지 않은 편입니다. 실패했을 때는 그럴 수도 있지, 다음에 더 잘하면 된다며 스스로를 토닥일 줄도 알지요.

반면 돌봄을 별로 받아본 적이 없는 사람은 커서도 자신을 돌봄을 받는 쪽으로 위치시키는 걸 어색해하며 양육자가 자신을 다룰 때 그러했던 것처럼 본인도 스스로를 토닥이기보다 채찍질하는 편이라는 연구가 있었습니다.

　우울증이 심한 사람은 '내가 할 수 있는 것은 아무것도 없지만 모든 것이 내 잘못'이라고 하는 앞뒤가 맞지 않는 자책을 보이기도 합니다. 할 수 있는 게 없다면 내가 모든 것을 망칠 만한 영향력 또한 없는 게 맞을 텐데 말이지요. 또 대체로 성공 확률은 낮고 실패 확률이 더 높은 법이어서(참가자 전원이 상위 10퍼센트 안에 드는 것이 불가능한 것처럼) 서로 다른 100가지 일을 전부 잘 해낼 확률은 매우 낮은 것이 자연의 법칙입니다. 일이 엎어졌다고 해도 타이밍의 문제라든가, 인간관계 문제 등 보통 그 원인은 다양해서 세상일 중 100퍼센트 나의 책임이라고 할 만한 것은 생각보다 많지 않지요. 하지만 이들은 모든 나쁜 일이 다 자기 탓이라고 하는 밑도 끝도 없는 자책을 보입니다.

　학대하는 양육자 밑에서 자란 사람 역시 이런 식으로 자책이 심한 경우가 많은데, 여기에는 양육자의 '가스라이팅(Gas-lighting, 다른 사람의 심리나 상황을 교묘하게 조작해 그 사람이 스스로 의심하게 만듦으로써 다른 사람에 대한 지배력을 강화하는 행위로 심리적 학대 유형 중 하나, 가스등 효과라고도 한다)'이 한몫을 합니다. 아이에게 어른은 지나치게 큰 존재여서 아이는 양육자도 인간이라 불완전하거나 틀릴 수 있다고 생각하기보다 부모님은 옳으며 내가 틀렸다고 생각하는 편이지요. 또 원인과 잘못은 양육자에게 있지만 양육자는 흔히 "네가 잘못했으니까 때리지"와 같은 말처럼 그 원인을 아이에게 돌리는 경우가 흔해서 이런 비난을 내면화하는 아이가 많습니다. 결국 아무것도 잘못하지 않았는데 '내가 뭔가 잘못했을 것'이라며 스스로를 비난하는 것이 기본값이 되어버리는 일이 많지요. 심지어 부모님이 이혼한 것도, 경제 사정이 나빠진 것도 자기 탓이라고 생각할 수 있습니다. 하지만 그럴 리가요. 전부 여러분 탓일 리가 없습니다.

실망시키는 것에
거리낌 없는 사람이 되자

학대하는 양육자와 비슷하게 완벽주의자, 즉 조금의 실수나 실패도 용납하지 못하고 모든 것을 완벽하게 100점 상태로 해내야 한다고 생각하는, 지나치게 엄한 양육자 밑에서 자란 사람도 그렇지 않은 사람에 비해 스스로에게 가혹한 사람이 되는 경향을 보입니다. 쉽게 말해서 작은 성취로는 도무지 만족시킬 수 없는 까다로운 양육자의 높고 불가능한 기준에 부합하려고 아이는 많은 노력과 시간을 바칩니다. 하지만 결과는 거의 항상 실패죠. 애초에 모두가 항상 1등만 하고 서울대학에 가는 것은 불가능하기 때문입니다.

게다가 완벽주의적인 사람은 항상 모든 것을 평가하는 시선으로 바라보기 때문에 그 촘촘한 평가의 그물에 단 한 번도 걸리지 않기란 불가능합니다. 예컨대 저는 외국에서 잘만 살고 있다가 한국에만 들어가면 순식간에 문제투성이 인간으로 변해버립니다. 너 피부가 그게 뭐냐, 머리 좀 해야겠다, 옷은 또 왜 그래, 학위는, 집은 등등 온갖 평가를 받는 것이지요. 분명 나 자신과 삶에 만족하며 살고 있었는데 평가하는 시선들은 그런 만족을 용납하지 않고 내게 나 자신과 삶에 대해 불만족하기를 요구하지요.

이런 식으로 평가적인 양육자 밑에서 자란 사람은 이후에도 그 기준을 자기 안에 내면화함으로써 스스로에게 계속해서 채찍질하는 경향을 보입니다. 그렇게 해서 쓸모 있는 사람이 되겠느냐고, 사랑받을 수 있겠느냐고, 1등도 못 해서 어디다 써먹느냐고, 이 정도로 만족하지 말라고, 작은 성취로 기뻐하고 행복해하지 말라고 등등 자신이 들어온 가혹한 말을 스스로에게 되뇌는 사람이 되곤 합니다. 결국 무엇을 해내도 반드시 흠을 찾아내고 좀처럼 행복하지 못하는 습관을 갖기도 합니다.

따라서 이러한 까다로운 요구를 전부 만족시키는 것은 불가능함을 빨리 깨닫고 '실망시키는 것'에 거리낌이 없는 사람이 될 필요가 있습니다. 다른 말로 하면 자신도 어디까지나 '인간'이어서 많은 한계점과 부족함을 안고 살아가고 있고 앞으로도 그럴 것이며 때때로 말도 안 되는 실수도 저지르고 크고 작은 잘못도 저지르게 될 것이라는 당연한 사실을 빨리 받아들이는 편이 정신 건강에 좋습니다. 비인간적인 요구를 달성하려는, 실패할 수밖에 없는 노력을 멈춰보는 것입니다. 지금은 엄청나게 커 보이는 어른도 나와 같은 인간일 뿐이어서 실망시켜도 괜찮습니다. 생각보다 지구가 멸망하는 것 같은 큰일은 일어나지 않아요. 어차피 인생은 어느 정도 실망을 포함할 수밖에 없는 것이니까 내게 지나친 요구를 하는 사람이 인생의 진리를 가급적 빨리 깨우치기를 바랄 수밖에 없는 것이지요.

또 다양한 사람들로부터 많은 사랑을 받도록 합시다. 인간은 환경의 영향을 많이 받는 동물이어서 함께 있는 사람이 누구냐에 따라 같은 시간과 공간이 천국도 되고 지옥도 되지요. 따라서 나를 있는 그대로 사랑해주는 사람을 곁에 두고 가혹한 평가로부터 조금 떨어지는 것만으로도, 나 역시 나를 향해 좀 더 따뜻한 시선을 주는 것이 가능합니다. 하지만 한 가지 문제는 매 순간 나의 가치를 증명해내야만 살아남을 수 있는 환경에서 자라난 사람은 타인으로부터 사랑을 받거나 자기 자신을 따뜻하게 대하는 것 자체에 큰 '두려움'을 느끼는 경향을 보인다는 것입니다.

더 강하고 완벽한 사람이 되어야 한다며 스스로를 채찍질하는 것을 생존 방식으로 삼아온 사람에게 자신의 부족함을 인정하고 스스로를 토닥인다는 것은 본능적으로 '사랑받을 가치가 없는 약한 존재'가 되어버릴 것 같다는 공포를 불러일으키기 때문입니다. 강인한 척 살아온 것이 무기였기 때문에 유일한 무기를 빼앗기는 공포를 느끼게 되는 것이지요.

또한 사랑과 돌봄을 받지 못했던 일에 대해 본인은 그런 것

없이도 살아갈 수 있는 강인한 사람이라고 자기 암시를 걸며 합리화해온 경우도 많아서 실은 자신에게도 돌봄이 필요하다는 사실을 인정하면 정체성에 혼란이 오기도 합니다. 이제라도 자기 돌봄을 실천하려면 이전에는 그러지 못했다는 사실을 인정해야 하는데, 그 과정 자체가 고통스러운 일이기도 합니다. 따라서 그냥 이대로도 괜찮다고 생각하는 것이 당장은 가장 상처받지 않는 선택지일 수도 있지요.

하지만 이렇게 습관적으로 자신을 향한 사랑과 돌봄을 거부하다 보면 사랑과 돌봄을 충분히 받을 수 있는 환경이 되어도 계속해서 어렸을 때부터 살아온 가혹한 세상을 짊어진 채 살아가게 될 수 있습니다. 마치 새장 문이 활짝 열렸는데도 나갈 생각을 하지 못하는 새처럼 어차피 나가도 별것 없을 거라며 파란 하늘을 만나지 못하게 되는 것이지요. 하지만 발을 내딛지 않으면 영원히 가혹한 양육자와 가혹한 내 자아로부터 벗어날 수 없을지도 모릅니다.

새장에 갇힌 것은 내 선택이 아니었지만 문이 열렸다면 이를 밀고 나오는 것은 내가 선택할 수 있습니다. 물론 쉽지 않

겠지만요. 안타깝게도 여성이 남성에 비해 완벽주의와 자책이 심하고 스스로에게 가혹한 자아를 짊어지고 살아가는 경향도 더 크다는 연구가 있었어요. '슈퍼 우먼'이 되어야 한다며 일도 잘하고 똑똑하고 성격도 좋고 그러면서 주변 사람도 잘 챙기고 집안의 화목을 위해 애쓰고 어른도 공경하면서 한편으로 자신은 힘들다는 불평이나 힘든 내색을 전혀 하지 않아야 한다는 강박관념을 갖는 것이지요. 이렇게 힘들어도 전혀 불평하거나 내색하지 않는 것을 '셀프사일런싱(self-silencing, 자기침묵)'이라고 하는데, 곧 자기 마음의 소리를 묵살하는 현상입니다. 이렇게 자기 내면의 소리에 등을 돌려버릇하는 사람들은 나중에는 힘들어도 힘든 줄 모르고 계속 스스로를 혹사하다가 결국 우울증에 걸리기도 합니다. 여러분도 혹시 자신에게 돌봄이 필요하다는 사실을 거부하고 있지는 않나요?

위에서 살펴본 것처럼 주변 사람이나 자기 자신이 너무 엄해서 사랑과 돌봄을 받을 줄 모르는 사람이 되기도 하지만, 때로는 도움과 사랑을 분명 받고 있는데도 내가 인식하지 못하는 것이 문제가 될 수도 있습니다.

저는 초등학생 때 학교에서 돌아오면 항상 안방 옷장부터 열어서 옷이 그대로 있는지 확인하는 버릇이 있었어요. 부모님의 사이가 좋지 않아서 별거하는 일이 잦았기 때문이에요. 옷장이 텅텅 비어 있으면 엄마나 아빠가 길게는 한두 달에서 반년씩 집에 돌아오지 않는다는 걸 알고 있었습니다. 지금 생각해보면 부모님이 언제 없어질까, 혼자 버림받는 것은 아닐까 하는 걱정이 상당히 심했던 것 같습니다. 가족 누구도 찾아오지 않은 학예회에서 덩그러니 혼자 앉아 있었던 경험을 하고 나서는 분리 불안이 더 심해졌습니다. 엄마가 일을 마치고 평소보다 집에 늦게 올 때면 혹시 어디 가버린 게 아닌지 덜컥 겁이 나서 베란다에 나가 아파트로 들어오는 차를 하나하나 살펴보았어요. 지켜본 지 오래되면 지금으로부터 다섯 번째로 들어오는 차가 엄마 차이게 해달라고 마음속으로 빌었지요. 한번은 '너만 없었으면 이런 지옥 같은 생활을 하지 않아도 됐을 것'이라는 이야기를 들었어요. 이번에는 정말로 확실히 버림받을지도 모른다는 생각을 했고, 부모님이 떠나지 않게 정말 잘해야겠다고 생각했습니다.

여러 가지 이유로 남을 신뢰하고 사랑하며 또 남에게 사랑받는 것에 두려움이 없는(안정 애착) 사람이 있는 반면, 어릴 때의 저처럼 버림받거나 거부당할지 모른다는 두려움이 커서 관계에 늘 걱정과 불안이 크고 지나치게 애쓰며 긴장하는, 그러다가 결국 부자연스럽게 행동하거나 관계에 지나치게 집착하는(불안 애착) 사람이 있습니다. 또는 쉽게 마음을 주지 않고 친밀한 관계 자체를 아예 거부하는(회피 애착) 사람도 있어요. 저는 불안과 회피 애착을 동시에 보였던 것 같아요.

그러다가 언제부턴가 인간관계에 불안함이 많이 사라졌음을 느꼈어요. 함께 있어도 굳이 상대를 기쁘게 만들려고 애쓰며 거짓 미소를 짓지 않아도 되는, 혼자 있을 때의 내 모습과 가장 비슷한 나의 모습으로 편안하게 존재해도 얼마든지 함께 행복한 시간을 보낼 수 있는 사람들을 만났습니다. 어렸을 때는 내가 상대방에게 어떤 '가치'가 있어야 상대방으로부터 그에 맞는 호감과 사랑을 받을 것이라고 생각했는데, 꼭 그렇지만은 않다는 것 또한 깨달았어요.

사랑은 원래 과분한 것이어서 지금의 내 가족과 친구들에게 받는 사랑은 내가 뭘 하든 갚을 수 있는 게 아님을 깨닫게 되었습니다. 나에게로 향한 도움의 손길과 사랑은 항상 나의 그릇이나 가치보다 훨씬 컸고, 따라서 내가 받은 사랑은 거의 다 조건이 없는 것임을 깨달았어요. 과자 한 봉지라도 좋은 게 생기면 항상 반씩 나눠주던 친구, 힘들었을 때 세 시간이나 불평 없이 나의 넋두리를 들어준 선생님, 꼬박꼬박 먼저 안부를 물어주는 친구, 항상 옆에서 무한한 사랑을 뿜어주는 배우자, 나를 신뢰하고 격려해주는 직장 동료 등 따지고 보면 나를 향한 그들의 크고 작은 친절이나 도움, 격려는 거의 항상 그들이 나에게 줄 필요가 전혀 없는, 나에게 주지 않아도 그들에게는 아무런 손해가 없는 친절이었으니 말이에요.

물론 이는 제 이야기일 뿐이지만, 실제로 안정 애착인 사람에게는 있지만 불안정 애착인 사람에게는 없는 것이 무엇인지에 대한 연구가 있었습니다. 심리학자 마리오 미쿨린케르(Mario Mikulincer)와 동료들은 옆 페이지와 같은 실험을 했습니다.✝

사진을 보고 사람들이 만들어낸 다양한 이야기를 분석해보았더니 안정 애착인 사람이 만든 이야기에는 다음과 같은 특

✧ 사람들에게 일련의 사진을 보여줍니다.
첫째로 ❶ 몸이 아프거나 일이 잘 해결되지 않아 힘들어하는
사람의 사진을 보여주고, 그다음 ❷ 힘들어하는 사람 옆에 누군가
다가온 사진을 보여줍니다. 마지막으로 ❸ 힘들어하던 사람이 활짝
웃고 있는 사진을 보여줍니다.

사진 ❶

사진 ❷

사진 ❸

사람들에게 이 사진을 보고
어떤 일이 일어나고 있는지
상상해서 이야기를 지어보라고
했어요. 여러분은 어떤 이야기가
떠오르나요?

징이 나타났어요. 이들은 힘들어하던 사람이 주위에 도움을 요청했고, 이 사람을 도와줄 사람이 나타났으며, 그 결과 모두가 행복해졌다는 해피엔딩을 많이 떠올렸지요. 반면 불안정 애착인 사람이 떠올린 이야기에는 도움을 구했지만 사람들이 도와주지 않았고, 결국 스스로 해결했다든가 누군가 도와주러 나타났지만 그게 크게 도움이 되지 않았다든가, 아니면 아예 도움을 구하는 과정이 빠져 있는 편이었습니다.

이러한 차이는 '꿈'에서도 나타났어요. 사람들에게 한 달 동안 매일 꿈을 기록해보라고 했더니 안정 애착인 사람은 꿈속에서 힘든 일이 일어났을 때 누군가에게 도움을 받았다고 응답한 편이었어요. 하지만 불안정 애착인 사람은 꿈속에서도 도움을 받지 못했고 끝내 괴로워하다가 깬 경우가 많았지요.

안정 애착인 사람과 불안정 애착인 사람 사이의 차이는 크게 두 가지로 요약할 수 있을 것 같습니다. 우선 (내가 겪었던 것처럼) 과분한 친절과 사랑을 받아본 적이 있는지의 여부입니다. 정말 힘들어서 모든 걸 끝내고 싶다고 생각했던 때 멍하니 서 있던 내 옆에 슬쩍 다가와 아무 말 없이 손을 잡아준 친구가 있었어요. 어떻게 보면 별것 아닌 작은 관심이지만 덕분에 일단은 계속 살아야겠다고 마음먹을 수 있었지요. 앞에서 언급한 친절을 받을 때에도 그래도 살아 있어서 다행이라고 생각하곤 했어요. 때론 아주 작은 따뜻함만으로도 삶과 사람에 대해 희망을 얻을 수 있습니다.

또 다른 차이는 아주 작은 것이라도 나에게 주어진 따스함을 당연한 것으로 치부하지 않는 것입니다. 일반적으로 타인에게 나를 사랑할 의무 같은 것은 없으며, 내가 그렇듯 다들 자기 살기에도 바쁜 것이 현실입니다. 따라서 사랑과 관심을 아주 많이 받는 것보다 사랑과 관심을 전혀 받지 못하는 것이 어쩌면 더 당연한 일인 것이지요. 나를 향한 작은 관심과 도움은 결코 작지 않고, 어쩌면 존재하는 것이 기적일 수도 있다는 거예요. 이렇게 내게 별다른 이유 없이 주어진 많은 따뜻함의 존재를 인식하고 나면 '나는 사람들로부터 아무것도 받지 못했다'고 하기에는 찔릴 때가 많은 것이 사실입니다. 내가 알지 못하더라도 나는 분명 누군가에게 의지하며 살아가고 있기 때문입니다. 살아 있다는 것이 사실은 사랑받고 있다는 증거이기도 한 것이지요.

그러니 혼자인 것처럼 느껴질 때, 모든 게 다 싫고 사람들로부터 버림받은 것 같은 절망감이 들 때일수록 눈을 크게 뜨고 내가 눈치채지 못하고 지나쳤을 따뜻함을 찾아보도록 해요. 어차피 모든 따뜻함은 내가 갚을 수 없는 크나큰 선물이므로 되레 편한 마음으로 부담 없이, 그렇지만 감사하는 마음으로 주변에 관심과 도움을 요청하는 것도 좋을 것입니다. 작은 따스함도 속속들이 발견해서 추워지기 쉬운 우리의 삶이 조금이나마 따뜻해질 수 있다면 좋을 거예요.

아무도

특별하지

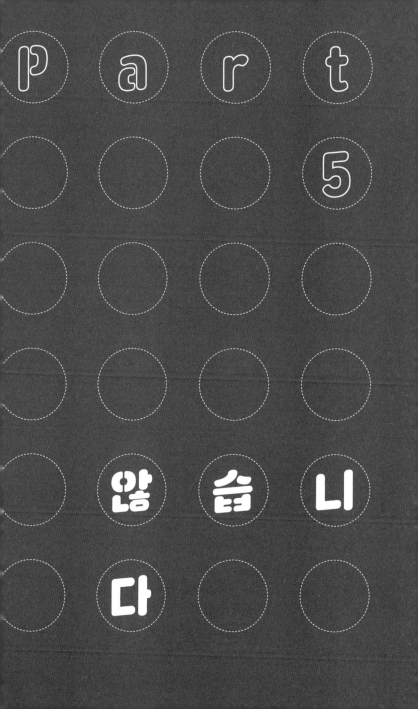

part 5

앟습니다

완벽한 사람은 없다

사실 인간은 다들 어느 정도는 열등합니다. 일단 아무리 열심히 해도 '모두'가 1등이 되는 것은 논리적으로 불가능합니다. 또한 살면서 단 한 번도 실수나 실패를 하지 않는 완벽한 인간이 존재할 수 없다는 점에서도 그러합니다. 겉으로는 완벽해 보이는 사람도 보이지 않는 곳에서는 속이 새까맣게 타들어갈 수 있습니다. 다들 그들 나름의 부족함과 한계점, 어려움을 짊어진 채 살아가는 것이지요. 어제보다 더 나은 나를 목표로 나아갈 수는 있어도 완벽한, 모든 것을 다 잘하는, 항상 1등만 하는 사람이 되는 것은 애초에 불가능한 목표라는 것입니다. 엄청 잘나 보이는 사람도 멀리서 보면 실상은 다 고만고만하기 때문에 다른 사람을 시기하는 것도 나의 근시안적 착각에서 비롯된, 별 의미 없는 행동일 수 있습니다.

차이점이라면 이 사실을 받아들이고 자신의 실수와 실패에도 크게 충격받지 않으며 나와 다른 사람 모두에게 너그러운 태도를 보이는지, 아니면 계속해서 조금이라도 더 남들보다 앞서 나가는 것을 목표로 삼고, 나와 남의 행동 하나하나에 점수를 매기며 누가 더 낫다고 평가하고, 삶의 온갖 영역에서 불안감을 느끼며 아등바등 살아가는지에 있을 것입니다. 우리는 특별하지 않고, 자신이 특별하지 않다는 사실에 놀라지 않아야 하는 것이지요.

그럴 수도
있지

애플워치를 샀습니다. 예뻐서 그리고 운동량을 좀 기록하고 분발해보려는 목적으로 과감하게 질렀습니다.(사지 않았더라면 계속해서 사고 싶은 마음에 시달릴 테고, 그 고통을 줄일 방법은 사는 것밖에 없었다며 합리화 중입니다.) 하루 동안의 걸음 수, 운동량, 서 있는 시간 등 하루 활동량이 자동으로 기록되는 것이 신기했습니다. 하지만 신기함은 잠시, 곧 매일 작은 좌절을 경험했습니다.

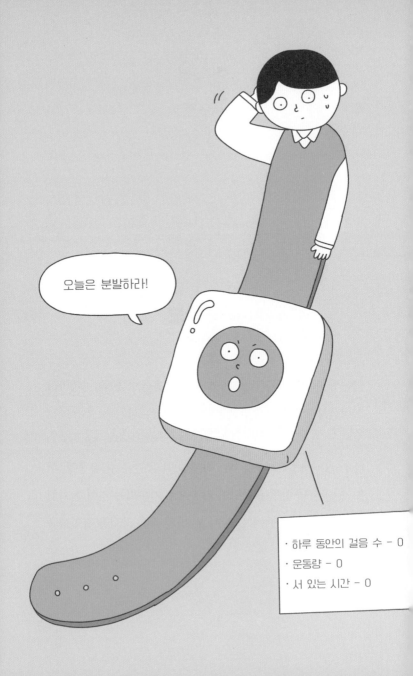

처음 기본 운동량 설정은 30분 동안 운동을 하고 하루 300 칼로리를 태우는 것이었는데, 거의 매일 이 기준을 달성하지 못했습니다. 어제는 부진했으니 오늘은 분발하라는 등의 잔소리를 매일 아침마다 듣게 되었지요. 저의 과소한 활동량이 너무 처참하게 드러나는 순간이었어요.

물론 그렇다고 제가 바뀔 것이냐고 한다면, 저는 제 생활 스타일을 아주 잘 알고 있고 그걸 꽤 흡족해한다는 문제가 있습니다. 저의 평소 생활을 정리하면 대충 다음과 같습니다. 보통 새벽 2~3시쯤 자서 9~10시쯤 눈을 뜨지만 11시까지 침대에서 이불이 주는 폭신함을 즐기다가 어기적어기적 일어나 빵 같은 걸 먹고 별다른 일이 없다면 다시 소파나 빈백에 누워서 놀거나 원고를 쓰거나 일을 합니다. 게다가 누워 있을 수 있는데 왜 앉아야 하느냐는 삶의 신조를 가지고 있어서 꽤 많은 시간을 누워서 뒹굴뒹굴하며 지냅니다. 최고의 '성실맨'인 친구가 나를 본다면 분명 경멸할 거예요. "일어나라고!" (철썩) "열심히 일하라고!" (철썩) 하는 환청이 들려올 때가 있지요.

하지만 뭐 그래도 에너지 수준이 낮고 자극 추구 수준 또한 낮은 (보통 성격 특성 중 외향성이 높은 사람이 에너지 수준과 자극 추구 수준 모두 높음) '집순이'인 저는 꽤 나쁘지 않은 생활 환경을 가지고 있습니다. 일단 저의 저조한 배터리 양으로도 힘겹지 않게 소화할 수 있는 생활 패턴이라는 점이 큰 장점이지요. 저의 경우 무엇보다 이러한 에너지적 '편안함'이 보장되지 않는 환경에서는 재미를 찾아봤자 금방 힘겨워하고 괴로워하기 때문에 저자극 환경에서 저자극 재미를 찾는 것이 훨씬 지속 가능하고 장기적으로 제게 큰 만족을 줍니다. 하지만 최근 건강 문제가 생겨서 스트레스를 좀 줄이고 육체적인 활동을 늘릴 필요가 생겼습니다. 여기에 애플워치가 도움이 되길 바라는 것이지요. 물론 아직은 매일 실패 중이지만요.

그래서 최근 어차피 매일 300칼로리 소모에 30분 운동이라는 목표를 충족할 수 없다면 목표를 낮게 조정하기로 했습니다. 매일 250칼로리 소모, 15분 운동으로 바꿨습니다. 그러고 나서부터는 목표를 달성하는 날이 생겼습니다. 물론 여전히 실패하는 날이 더 많아요. 하지만 목표가 나에게 좀 더 현실성 있어지고 나니 기분도 좋고 더 열심히 해야겠다는 동기도 생깁니다.

제 이야기를 하긴 했지만, 실제로 많은 사람이 목표와 관련해서 실패하는 부분이 '현실적인' 목표 설정입니다. 근육 실종 상태인 사람이 갑자기 '근육맨'이 되겠다는 목표를 세우거나 원래 책을 한 권도 안 읽으면서 올해는 100권을 읽겠다고 한다면, 현실적일까요? 물론 노력해서 할 수 있다면 최고입니다. 하지만 대개 너무 높은 목표는 시작도 전에 좌절만 쌓이게 하고 "역시 난 안 돼!" 하며 자기 효능감(자신의 능력에 대한 믿음)만 떨어지게 만들곤 합니다.

지나치게 높은 목표 → 지나치게 잦은 좌절 → 재미, 동기 상실 → 자기 효능감 하락 → "난 어차피 안 될 거야"로 귀결되는 순환 과정이 생깁니다. 흔히 어떤 일을 해야 한다는 스트레스는 정말 많이 받지만 정작 아무것도 하지 않는 사람을 보면, 이렇게 목표는 높지만 할 수 있다는 자신감은 적어서 아무런 움직임도 보이지 못하고 얼어 있는 경우가 많습니다. 그러면 시간이 지날수록 자신감은 점점 더 하락해서 달성해야 하는 목표(이상)와 내가 실제로 해낼 수 있는 현실 목표의 간극은 커지기만 하지요. 어차피 목표는 작심삼일이라거나, 이번에도 또 실패했다고 이야기하는 많은 사람의 경우 사실은 목표 설

정부터가 문제였을 거라는 이야기입니다.

특히 사람들은 가장 중요한 목표라고 하면 거의 새로운 사람으로 다시 태어나는 정도의 어마어마한 목표를 내세워야 한다는 일종의 강박관념을 느끼는 듯도 합니다. 그러다 보니 중요한 목표를 '실현'하기란 여간 어려운 일이 아닙니다. 하지만 목표란 어디까지나 나를 위한 것이어야 합니다. 다른 누구도 아닌 '내가' 하는 것이고, 건강이든 공부든 그 목표를 달성함으로써 궁극적으로 얻고자 하는 것은 '나'의 행복과 안전이니까요. 따라서 말도 안 되는 기대로 내가 나를 짓누르며 자신감을 잃게 만드는 일은 그 자체로 (궁극적으로는 나의 안녕을 위해야 한다는) 바람직한 목표의 정의에서 어긋납니다.

따라서 어떤 목표든 거창하게 세우기 전에 일단 내가 안녕히 지내기 위해서 필요한 것이 무엇인지 따져보고, 그 과정에서도 내가 행복할 수 있겠는지 면밀히 살펴봐야 합니다. 직원들을 실적 달성의 도구로만 보지 않고 하나의 인간으로서 대하며 그들의 안전과 행복에 주의를 기울이는 관리자처럼 말이지요. 내가 나를 실적 달성의 도구로만 보는 악덕 업주처럼 착

취할 때, 그 이득을 보는 것이 내가 아님은 분명합니다.

　목표란 오직 나를 위한 것임을 분명히 하고 나면 우리는 분명 더 많은 목표를 달성하고 더 많은 발전을 이뤄낼 수 있습니다. 250칼로리의 활동량이라도 열심히 채우려 노력하고 15분이라도 운동하려고 움직이는 저처럼요. 내가 5분이라도 더 움직이고 하루 한 끼라도 더 건강하게 먹었다면 누가 뭐라 해도 나는 분명 앞으로 나아가고 있는 것이지요. '다른 사람은 훨씬 더 잘하고 있는데'와 같은 생각은 나를 불행하게 만들 뿐 나의 행복 증진에 하나도 도움이 되지 않으니 할 필요가 없습니다. 내가 직접 경험할 수 있는 것은 오직 나의 발전과 만족이기 때문입니다. 달성하고 싶은 목표가 있다면 꼭 나를 위한, 내가 할 수 있는 방식으로 만들어보도록 합시다. 물론 '잘 쉬는 것' 또한 충분히 바람직하고 중요한 목표임을 기억하도록 해요.

앞으로 목표로 삼고 싶은 일을 떠올려보고, 다음의 조건을 충족하는 목표로 바꾸어보세요.

✦ 현재의 내가 충분히 달성할 수 있는 현실적인 목표

✦ 달성 여부를 쉽게 파악할 수 있는 구체적인 목표

✦ 나의 행복, 안전, 건강 등 나 자신을 위한 목표

나의 목표:

예를 들어 '올해는 몸도 마음도 더 튼튼해지기'와 같은 목표를 '저녁식사 후 매일 20분 걷기 운동하기', '매일 자기 전 10분 명상하기'와 같은 목표로 바꿔보세요.

일단
여기까지

만약 그간 나에게 맞지 않는 목표 때문에 자신감만 떨어지고 있었다면 어떻게 하면 좋을까요? 핵심은 불필요한 실패를 피하고 성취 경험을 쌓는 것입니다. 우선 너무 원대한 목표 세우기는 피하는 게 좋아요. 올해 책 100권 읽기보다 매달 또는 두 달에 한 권 읽기가 좋겠네요. 그리고 꼭 책이 아니어도 좋아요. 이번 달에 책 읽는 것이 어려울 것 같다면 만화책이나 잡지로 대체하는 등 유연한 목표가 더 효과적일 수 있습니다. 책이 중요한 게 아니라 고전 문학을 파헤치는 것이 진짜 목표였다면 책뿐 아니라 관련 강의나 영화 등을 활용하는 것도 좋습니다. 뭐가 되었든 나에게 가장 적합한 방법으로 "이렇게 했더니 성 공했고, 생각보다 해볼 만하다"라고 얘기할 수 있는 요령을 만 들어봅시다. 성취하고 싶은 목표와 관련해서 '씁쓸한 경험'만 쌓기보다 '달달한 경험'도 잔뜩 쌓아보는 거예요.

두 번째는 목표를 위반하는 행동을 과대 해석하지 않는 거 예요. 또 지나친 자기 비난도 피해야 해요. 죄책감은 잘못된 행 동을 바로잡는 효과가 있지만, 딱히 해결할 자신이 없으면 죄 책감의 대상을 아예 피하게 만들거나 되레 적대하게 만드는 부작용이 있거든요. 어떤 사람에게 너무 미안했는데 사과할 방법이 없어서 계속 피했다거나, 길거리에서 구걸하는 사람을 그냥 지나쳐서 죄책감이 들었지만 사실 따지고 보면 내가 아 니라 일하지 않고 구걸하는 사람이 잘못이라고 생각하는 것이 그런 예입니다. 이렇게 지나친 자기 비난과 죄책감은 때로 문 제를 바로잡기보다 문제를 회피하게 만들거나 자기 합리화를 부추깁니다. 죄책감과 자기 비난은 우울감과 무기력감을 불러 와 아무것도 하지 않고 자기 연민에 빠져 감정만 소모하게 만들기도 해요. 즉 여러모로 도움이 되지 않는 것이지요.

특히 열심히 사는 것을 자랑으로 여기고 작심삼일에 대해 큰 죄책감을 가지는 사람은 목표를 달성하지 못했을 때 "또 망쳤어. 나는 너무 게을러. 내가 그럼 그렇지 뭐. 어차피 안 될 거야"라고 하는 등 첫 목표 위반을 나라는 인간의 존재적 실패로 과대 해석하며 자책하는 경향을 보이는 편입니다.

문제는 이렇게 작은 미끄러짐에도 지금까지의 노력이 다 낭비였다는 식의 과격한 해석을 붙여버리면 그 일을 아예 외면하는 행동이 나타난다는 거예요. 책 100권 읽기 달성에 실패했어도 한 권이라도 읽는 것이 아예 한 권도 읽지 않는 것보다는 나을 텐데 아예 책 읽기를 중단하거나, 5킬로그램이 아니라 0.5킬로그램밖에 줄지 않았다고 체중 감량을 아예 포기하는 등 하기로 마음먹었던 일을 되레 적극적으로 외면하게 되는 부작용이 생깁니다. "이렇게 다짐하고 제법 노력했는데도 결국 안 됐어"라는 말을 뒷받침하는 실패 경험을 쌓게 되는 것이지요.

여기서 중요한 것은 '자기 자비(self-compassion)', 즉 자신에게 너그러워지는 것입니다. 자기 자비란 나의 부족함에 대해 눈을 돌리라는 것이 아니라, 나 역시 부족한 인간이라는 사실을 있는 그대로 받아들이라는 것, 내가 부족함이 많고 이따금 실패할 수밖에 없는 존재라는 사실에 충격받지 말라는 것, 다른 사람은 다 실패해도 나는 절대 실패하면 안 된다거나 다른 사람에게는 각종 불운이 생길 수 있지만 우주가 나만큼은 특별 대우해서 꽃길만 걸을 수 있을 거라는 오만한 생각을 버리라는 것, 삶은 원래 어려운 것이고 내 삶 또한 가끔은 그럴 것이라는 사실을 받아들이라는 것입니다. 힘든 삶을 살아가는 부족한 존재 모두에게 따뜻함과 응원이 필요하듯 나에게도 따뜻함과 응원이 필요하다는 사실을 받아들이는 것이 자기 자비의 핵심입니다.

아마 90퍼센트도 넘는 사람이 다 그럴 테니 목표 달성에 몇 번 실패했다고 충격받지 말고 실패가 더 자연스럽다는 사실을 받아들이도록 해요. 실패에 충격을 받고 자신에게 실망하거나 자존심 상할 시간에 덤덤하고 차분한 마음으로 '그렇다면 조금 다르게 접근해볼까?' '목표를 조금 수정해볼까?' '어떻게 하

면 더 잘할 수 있을까?' 하고 묻는 거예요. 실제로 실패 후 모두가 이따금 실패하며 자신도 그런 한 명의 사람일 뿐이라고 자신의 약점을 인정한 사람이 그렇지 않은 사람에 비해 자존심 상해하거나 현실을 부정하거나 절망에 빠지는 일 없이 계속해서 덤덤하게 목표 행동을 이어 나갔다는 연구도 있었답니다.

미국에는 1월에 하루, 새로 세운 목표를 잊고 자신을 너그럽게 봐주는 날이 있어요. '새해 목표 내팽개치는 날(Ditch new year's resolution day)'이라고 하는데, 이날 하루는 다이어트를 멈추고 햄버거를 왕창 먹는다거나 하는 날입니다. 이렇게 지칠 때쯤 하루 정도 나를 돌보는 날을 갖는 것도 좋습니다.

한편 자신을 돌본다고 하면 어째선지 방종이나 무책임하고 이기적인 행동을 떠올리는 사람이 종종 있습니다. 자신을 돌보는 것이 어떤 것인지 헷갈린다면 힘들어하는 친구에게 나라면 어떻게 행동할 것 같은지 떠올려보는 것이 큰 도움이 됩니다. 예컨대 큰 실패나 상실 등을 겪었을 때 '진정한' 친구라면 너무나도 마음 아파하는 친구에게 "그런 건 아무것도 아니야"라거나 "네가 그러니까 그 모양이지", 또는 "어떡해! 인생 끝났네"

와 같이 사건의 중요성을 축소하거나 친구를 비난하거나 또는 호들갑을 떨며 일의 영향을 과대 해석하는 행동을 하지는 않을 것입니다.

만약 자신에게 힘든 일이 생겼을 때 이 세 가지 중 하나라도 하는 친구가 있다면, 그 관계는 진짜 우정이라고 보기 어렵겠죠. 좋은 친구라면 "그 일이 그만큼 네게 중요한 일이었구나", "네가 마음을 쓰고 노력한 만큼 안 좋은 결과가 나온 것에 마음 아픈 건 자연스러운 일이야", "속이 후련해질 때까지 슬퍼해, 내가 같이 있어줄게. 다시 천천히 일어서면 돼"와 같은 말을 해줄 것입니다.

반대로 친구가 힘든 일을 겪은 후 매일 게임만 하면서 지냈다고 해봅시다. 며칠 정도 게임으로 걱정을 잊는 거야 괜찮겠지만, 만약 몇 달이 넘도록 그러고 있다면 "그래, 야, 막 살아. 평생 집에서 혼자 게임만 해" 같은 말을 하는 친구는 없을 거예요. 또는 친구가 심하게 화가 난 나머지 이 사람 저 사람과 싸우고 다니는 모습을 보면 역시 "잘 싸운다, 계속 싸워. 경찰서에도 여러 번 가봐"라고 할 친구는 없을 거예요. 어떤 이유에서든 친구가 자기 파괴적인 행동을 하거나 다른 사람을 차갑게 밀쳐내는 모습을 보면 부추기고 싶은 마음보다는 어떻게든 바람직한 방향으로 슬픔이나 화를 이겨낼 수 있게 돕고 싶다는 생각이 들겠지요.

나 자신을 돌보는 것의 원리도 동일합니다. 무책임한 삶을 살거나, 이기적 또는 자기 파괴적 행동을 하는 것은 나를 진짜 돌보는 것이 아닙니다. 되레 나를 너무 미워해서 내가 망하길 바라는 사람이 할 만한 행동을 내가 나에게 하는 셈이지요. 우리는 사랑하는 사람이 지나친 자기 비난과 실망감 등으로 망가지거나 무책임하게 살기를 원치 않습니다. 시간이 얼마가 걸리든 감정을 잘 추스르고 다시 걸음을 옮겨 사랑하는 이가 그 자신에게 가장 바람직한 삶을 살길 원할 것입니다. 내가 나를 추스르고 응원하는 것 또한 이와 같은 맥락입니다. 힘들어하는 친구에게 너그러워지는 것이 잘못이 아니듯, 나에게 너그러워지길 두려워하지 않기로 해요.

나는 나에게 자비로운 사람일까요? 다음의 문장에 동의하는지 한번 생각해보세요.

✦ 나는 실수나 실패를 겪었을 때 "난 쓸모없는 인간이야, 난 참 구제 불능인 것 같아"라며 나의 존재 자체를 부정한다

✦ 다른 사람은 몰라도 나는 실패하거나 부족한 점이 있어서는 안 된다고 생각한다

✦ 어렵고 힘든 일이 있을 때 나는 문제를 해결할 생각만 하고 나 자신을 돌보는 행동(나를 기분 좋게 하는 일 찾기, 잠시 일이나 공부를 멈추고 스트레스 해소하기, 내 마음을 조용히 들여다보고 위로를 건네기 등)을 하지 않는다

✦ 누구나 인정할 만한 성취가 아닌 나의 작은 성취는 칭찬하는 일 없이 그냥 넘어간다

✦ 나는 스스로 자기 파괴적인 행동을 하든 말든 내버려두거나 부추긴다

'예'라는 답이 더 많다면 자신에게 너그럽지 않은 사람이라고 할 수 있습니다. 앞의 문장과 반대로 생각하고 행동한다면 자신에게 한결 너그러운 사람이 될 수 있을 거예요.

자신에게 너그러워지는 연습을 해볼까요? 먼저 최근에 실수를 하거나 세워놓은 목표를 달성하지 못하는 등 자신에게 실망한 일이 있었는지 다음의 질문에 답하며 떠올려보세요.

✦ 그때 스스로에게 어떻게 말했나요? "나는 뭘 해도 안 되는 인간이야" 하며 과도한 해석을 하지는 않았나요?

✦ 만약 내 가장 소중한 친구가 같은 일을 겪었다면 뭐라고 위로해줬을까요?

✦ 소중한 사람에게 했을 응원과 위로를 나에게도 다시 들려주세요.

예 "네 마음이 정말 힘들 것 같아. 그런데 사람이니까 때로는 실수하기도, 넘어지기도 하는 게 당연해. 이런 경험 덕분에 분명 배우는 것도 있을 거야. 그게 다 네 밑거름이 될 거야. 그러니 너무 자신을 비난하지 마. 넌 충분히 열심히 노력했잖아. 난 네 잠재력을 믿어. 또다시 기회가 올 거야. 내가 항상 응원할게."

밤새 게임하기, 매일 탈이 날 정도로 많이 먹기 등 자기 파괴적인
행동을 지속했던 적이 있는지 떠올려보세요.

✦ 그때 스스로에게 어떤 말을 했나요? 나의 존재 자체를 부정하는 말로
　자신을 비난하거나 자기 파괴적인 행동을 더 부추기진 않았나요?

✦ 자애롭고 따뜻한 마음을 가진 사람을 떠올려보세요. 그런 사람은
　나에게 무슨 말을 해줄까요?

✦ 나를 따뜻한 시선으로 보는 사람이 나에게 했을 조언을 나에게
　들려주세요.

예 "네가 어려운 일들로 정말 힘들었다는 걸 알아. 마음이 답답하고
우울해서 어떻게든 해소하려고 이런 행동을 하고 있다는 것도.
사람들은 힘들 때 충분히 그럴 수 있어. 그런데 이런 행동이
지속되면 네 몸도 마음도 더 망가질 거야. 그게 정말 네가 바라는
모습은 아니라고 생각해. 그러니 우선 널 조금이라도 즐겁게 해줄
수 있는 다른 일, 대신 몸과 마음을 아프게 하지 않는 일을 하면서
기분을 전환해보자. 그리고 널 괴롭히는 감정이 어디서 왔는지 한번
들여다보자. 그럼 어떻게 해결해야 할지 더 잘 알게 될 거고 그런
감정도 결국 지나가게 될 거야."

최근에 자신이 해낸 성취가 있나요? 작은 성취든 큰 성취든 개인적 성취든 집단을 위한 성취든 상관없습니다. 그때 충분히 스스로를 칭찬해주었나요? 그렇지 않았다면 내가 이뤄낸 일을 칭찬하는 연습을 해보세요.

✦ 내가 평소 가장 인정받고 싶고 칭찬을 듣고 싶은 사람을 떠올려보세요.

✦ 그 사람에게 가장 듣고 싶은 말을 떠올려보세요.

✦ 그 말을 나에게 다시 한 번 충분히 들려주세요.

예

"너 진짜 열심히 했구나. 난 네가 정말 자랑스러워. 지금 네 상황에서 이렇게 애쓰는 게 쉽지 않았을 텐데 정말 대단한 거야.
너만큼 이렇게 잘 해낼 수 있는 사람은 없을 거야.
넌 항상 믿고 기댈 수 있는 사람인 것 같아.
볼 때마다 한 걸음씩 더 성장하는 모습이 보기 좋아."

모른다는 것.

Part 6

인정하자고요!

내가 항상 옳다는 착각

다른 사람과 나의 차이를 인정하지 못하고 좋은 친구라면 반드시 나와 같은 의견을 가져야 한다든가, 나라면 이렇게 할 텐데 나처럼 하지 않는 네가 이상한 거라는 등 편협한 생각을 가졌던 때가 있습니다. 내가 경험해본 작은 세상만 알 뿐 내가 겪어보지 못한 사정은 상상조차 하지 못하는 내 머리로, 마치 모든 것을 알고 있는 양 오만한 착각에 빠져 있었지요. 물론 지금도 내가 거의 항상 그런 오류를 범한다는 사실만 인지할 뿐, 여전히 본질적으로 오만한 행동을 하고 있을 것입니다.

안타깝지만 이렇게 나는 복잡하고 심오한 존재이고 세상 모든 것을 객관적으로 공정하게 정확히 파악하고 있으며 각종 편견이나 오류에서 자유롭지만, 타인은 하나를 보면 열을 알 수 있는 단순한 존재이고 세상을 잘 모르며 유언비어나 군중 심리, 편견, 사고의 한계 등에 쉽게 휘둘리는 어리석은 존재라고 보는 시각은 꽤 흔히 나타납니다. 차이라면 나 자신이 이러한 모순, 그러니까 오만한 사람은 싫어하면서 정작 본인은 오만하게 행동하고 또한 성급히 판단되고 싶지 않으면서 남은 쉽게 판단하는 모순에 빠져 있음을 아는 사람과 모르는 사람이 있다는 것이지요. 물론 작은 차이지만 그렇다고 해서 이 차이가 사소한 것은 아닙니다. 나의 판단력을 의심할 줄 안다는 것, 즉 나 자신의 한계를 '제대로' 아는 것에는 삶을 바꿀 만한 힘이 깃들어 있거든요.

제 경우, 내가 옳다거나 그르다고 생각했던 나의 판단력을 의심하기 시작하면서 우선 타인을 미워하거나 쓸데없이 다투는 일이 크게 줄어들었습니다. 그간 내가 너무 자기중심적이

었음을 깨닫게 되었고 상대방에게 미안함을 느끼게 되었지요. 내가 부족한데도 계속 나와 함께해준 사람들에게 고마움 또한 느끼게 되었고, 나 역시 비슷한 약점을 보이는 이들을 인내하고 기다려줄 줄 알아야 함을 깨달았습니다.

평생 용서하지 못할 거라고 생각했던 몇몇 일도 다시 생각하게 되었습니다. '그때 그 사람도 무슨 말 못할 사정이 있지 않았을까?' '내 상처가 가장 심한 줄 알았는데 어쩌면 그 사람이 더 힘들어서 기절 직전인 상태였을지도 모르겠다' 같은 가능성을 떠올릴 수 있게 되었어요. 덕분에 작지만 오래된 오해에서 많이 해방될 수 있었습니다.

그러자 생각지 못했던 효과도 생겼는데, 그중 하나는 나 자신에게 너그러워지기 시작했다는 것입니다. '그럴 수도 있지, 뭔가 사정이 있지 않았을까?'라는 생각은 나를 향해서도 적용되곤 했고, 그러자 자기 비난의 정도가 크게 줄어들었습니다. 타인을 향한 잣대는 결국 나를 향하기 마련이기 때문입니다.

실제로 강박적으로 완벽함을 추구하는 사람이 그렇지 않은 사람에 비해 자기 자신과 타인 모두에게 지나치게 높은 기준을 강요한다든가, 자기 비난을 밥 먹듯 하는 사람은 알게 모르게 자신과 비슷한 약점을 가진 타인을 경멸한다는 연구 결과가 있었지요. 이미 일중독자인데 자신은 여전히 게을러 빠졌고 좀 더 열심히 일해야 한다며 스스로를 책망하는 사람은 '워라밸(Work-Life balance, 일과 개인의 삶 사이의 균형)'을 중시하는 사람을 세상 물정 모른다거나 약해 빠졌다고 보기 쉽다는 것입니다. 자신은 너무 열심히 살아서 좀 대충 살고 싶다고 이야기하는 (하지만 높은 기준으로 인해 절대 대충 살지 못하는) 동시에, 자신의 기준에서 진짜로 대충 사는 듯 보이는 사람을 미워하고 경멸하는 것도 비슷한 현상이겠지요. 내가 싫어하고 경멸하는 내 모습을 누군가가 가지고 있다면 그 사람도 경멸하게 된다는 것입니다.

이렇게 어떤 해를 입었거나 도덕적 문제를 발견해서가 아니라면 내가 자신이나 타인에게 화를 내는 일은 대부분 내 생각과 내 삶의 기준만이 옳다고 보는 자기중심성이 중요한 원인으로 작용합니다. 나나 타인을 손쉽게 잘못되었다고 재단하는 일이 많을수록, 평범한 일도 잘못된 일이라고 생각해서 경

멸하는 등 삶에서 겪는 나쁜 일의 비중이 더 커지는 것입니다. 그러다 보면 감정적으로도 화가 나거나 우울함을 느끼는 일도 많아집니다. 하지만 진짜 문제는 다름 아닌 지나치게 엄격한 나의 기준이지요.

일례로 만성 우울증 환자는 일상생활에서 우울하다는 말보다 '결코', '절대'같이 여지를 두지 않는 표현을 더 많이 한다는 연구가 있었어요. 예컨대 연인이 내 전화를 제때 받지 못하는 것은 '결코 있을 수 없는 일'이라고 생각하는 사람은 '바쁘다 보면 그럴 수도 있다'고 생각하는 사람보다 상처받을 일이 더 많은 것입니다. 하지만 이런 경우 내 상처를 만드는 것은 나의 작은 세계관, 바로 나 자신입니다.

개인적으로 존경하는 선생님이 "우리는 아무것도 확신할 수 없으며, 그 사실을 인정하면 편해진다"라고 말씀하신 적이 있어요. 하다못해 "우리 주변에 외계인이 하나도 없을 것이라고 '확신'할 수 있겠느냐?" 하고 물으셨지요. 그러고 보면 외계인이 없을 가능성이 더 클 것 같다고는 말할 수 있지만, 100퍼센트 없다고는 말할 수 없습니다. 판단해야 하는 대상이 육안으로 전혀 구분할 수 없거나 우리 뇌를 통해 인식할 수 있는 범위를 넘어서는 경우 우리의 판단력은 극히 제한적일 수밖에 없기 때문입니다. 따라서 내가 안다고 생각하는 것은 대부분 가변적이고, 인간으로서 100퍼센트 확신할 수 있는 것은 아무것도 없음을 알아야 비로소 현실과 조금이나마 더 가까워질 수 있다는 이야기였어요.

생각해보면 진리를 추구하는 학자 역시 '내 생각이 무조건 옳다'고 주장하기보다 자신과 다른 의견을 경청하고 실제 데이터를 확인해서 자신의 가설이 틀렸다고 인식하면 그 가설을 수정하는 일을 밥 먹듯이 하지요. 만약 자신의 가설에 맞게 데이터를 조작하거나 듣고 싶은 이야기만 골라 듣는다면 그건 부정행위로 취급되고요.

조작을 반복할수록 자신이 똑똑하고 대단한 사람이라는 착각은 점점 커지겠지만, 실제로는 진짜로부터 뚝 떨어진 어리석은 사람이 되어버리고 말 거예요. 나는 아무것도 확신할 수 없음을 알고 나의 기준 또한 내 작은 생각이 만들어낸, 언제든 수정할 수 있는 임의적인 것임을 알 때 나는 비로소 지혜로워지고 내가 만들어낸 강박관념이나 내가 나에 대해 내린 판단(우월감이든 열등감이든)에서 자유로워질 수 있을 것입니다. 나의 판단력이 그 자체로 불완전해서 내가 내린 판단 또한 무엇 하나 절대적인 것이 없다면, 내가 시시각각 느끼는 좌절감이나 우월감, 열등감 또한 나의 착각일 뿐, 믿을 것이 못 될 수 있으니까요.

우리는 내가 뭘 모른다는
사실조차 모른다

우리가 얼마나 뭘 모르냐 하면, 우리는 내가 무엇을 모르는지
조차 정확히 파악하지 못합니다. 시험이 끝난 후 학생들을 대
상으로 시험을 얼마나 잘 본 것 같은지, 해당 과목을 얼마나
충분히 익힌 것 같은지 묻습니다. 실제로 시험을 잘 본 학생과
잘 못 본 학생(성적순으로 4등분)을 나눠서 실제 성적과 본인이
생각하는 본인의 실력을 그래프로 그리면 다음과 같은 그림
이 나타납니다.

Y축은 실제 학생들의 석차 백분율(%)로, 높을수록 높은 등수를 뜻합니다. 왼쪽부터 차례로 최하위권→최상위권 순서입니다. 동그라미로 표현된 선이 학생들의 실제 석차이고, 네모로 표현된 선은 학생들이 생각하는 자신의 완성도의 백분율, 세모 선은 학생들이 생각하는 자신의 수행 능력의 백분율입니다.

성적이 하위권일수록 실제 성적과 상상 속 성적 사이의 차

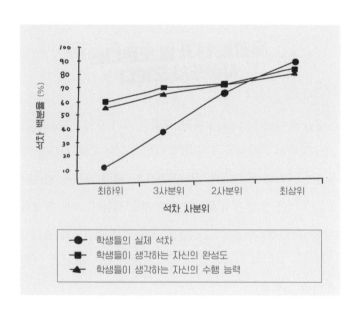

이가 크게 나타나는 현상을 볼 수 있지요. 최하위권의 경우 하위 10퍼센트이면서 주관적으로는 자신이 상위 40퍼센트일 것이라고 생각하는 경향을 보여서 실제와 자기 지각 사이의 차이가 50퍼센트 가까이 나타납니다. 이렇게 모를수록 실제보다 자신의 실력을 과대평가하는 경향을, 이를 처음 발견한 학자들의 이름을 따서 '더닝-크루거(Dunning & Kruger) 효과'라고 합니다.

내가 뭘 모른다는 사실을 모르는 이유:

1. 뭘 너무 몰라서

무지를 지각하는 것은 배움의 시작인 만큼 내가 뭘 모르는지 정확하게 파악하면 좋겠지만 안타깝게도 이는 쉬운 일이 아닙니다. 심리학자 더닝에 따르면 수행 능력과 평가 능력은 동일 선상에 있기 때문이에요. 내가 쓴 문법이 맞았는지 틀렸는지 정확하게 평가하려면 먼저 문법을 정확하게 알아야 합니다. 그러다 보니 정말 초보자일 때는 자신의 실력을 객관적으로 평가하는 일이 거의 불가능한 것이지요.

일례로 한 연구에 따르면 인턴 의사는 거의 전원이 자신은 정맥 주사를 잘 놓고 남을 가르칠 수준이 된다고 응답했지만, 이들을 가르치는 교수는 10퍼센트만 그 수준이라고 대답했습니다. 마찬가지로 간호대학 학생들에게 직접 상처를 드레싱하는 영상을 찍게 하고 이후 그 영상을 보며 실수를 몇 개나 했는지 찾아보라고 했더니, 학생들은 평균 세 개의 실수를 찾았지만 교수는 여섯 개씩이나 찾아냈지요. 어느 정도 꾸준히 연습한 사람도 충분한 경험이 쌓이기 전까지는 자신의 실력을 객관적으로 평가하지 못한다는 뜻입니다.

특히 디테일을 잡아내는 능력에 차이가 나서 사용하면 안 되는 도구를 사용하는 등 확연히 눈에 띄는 실수는 학생들도 잘 지적했지만, 구체적인 '절차', '순서', 사용 '양식'으로 들어가면 학생들은 실수와 올바른 방식을 잘 구분하지 못했습니다. 진짜 실력이 좋은 사람만이 진짜와 가짜를 제대로 알아볼 수 있는 것이지요.

2. 잘못된 믿음을 굳게 가지고 있어서

자신의 무지를 모르는 두 번째 이유는 모르는 게 아니라 '잘못' 알고 있어서입니다. 지식이 없는 게 아니라 '잘못된 지식'을 가지고 있어서 문제인 경우지요. 예컨대 정치적 사실에 대해 가장 틀린 인식을 가진 사람이 자신의 정치적 판단 능력을 가장 과신하는 편이라는 연구가 있습니다. 2000년 기준 미국의 복지 예산이 전체 국가 예산의 15퍼센트(실제로는 1퍼센트)라고 그 크기를 가장 과대평가한 사람들이 사회 복지에 대한 자신의 견해에 대해 가장 큰 자신감을 보였어요. 이외에도 사이비 종교나 평평 지구설 같은 유사 과학에 빠진 사람도 해당 문제에 전문가 이상의 자신감을 보이는 편입니다.

3. 아주 조금 알고 있어서

어떤 분야에 대한 책을 하나도 읽지 않은 사람보다 '딱 한 권' 읽은 사람이 가장 무섭다는 말이 있지요. 어떤 지식을 어설프게 알고 있어도 잘 알고 있다고 착각하는 사람이 많기 때문일 거예요. 사람들은 새로운 정보를 접했을 때도 자신이 들어본

적 있다고 생각하는 정보를 기반으로 판단하는 특성을 보입니다.

예컨대 사람들에게 실제로는 존재하지 않는 '야마쓰지 스테레오'에 대해 아느냐고 물으면 좀 더 일반적인 '일본 음향 기기'에 대한 지식을 꺼내면서 "아, 그거 괜찮다던데"라고 응답하는 경향을 보입니다. 존재하지 않는 ○○ 법안에 대해 어떻게 생각하느냐고 물어도 사람들은 자신의 일반적인 정치적 성향을 가지고 그 법안이 이래서 문제고 저래서 문제라며 자신 있게 의견을 내세우지요.

심지어 한 연구에 따르면 어떤 사실이 자신의 지식에 반하는 것으로 드러나면 잘 알지 못하면서도 자신감에 차서 그 사실을 반박하는 모습을 보이기도 합니다. 예컨대 사담 후세인의 존재에 대해 잘은 모르지만 들어본 적이 있는 사람은 9·11 테러에 사담 후세인이 개입하지 않았다는 공식 발표에 반박하면서 잘은 모르지만 그럴 리가 없다고, 분명 개입했을 것이라고 응답하는 경향을 보였다는 겁니다.

한편 기댈 수 있는 지적인 근거(어디선가 들어봄)가 없는 영역, 예컨대 심장 수술법이라든가 (존재하지 않는) ○○ 드릴에 대해 말해보라고 하면 함부로 입을 열지 않는 경향을 보이지요. 하지만 낯선 영역에 대해서도 유튜브 등을 통해 한번 친숙함을 느끼게 되면, 강아지 구충제의 효능에 대한 갑론을박처럼 금세 전문 지식을 반박할 자신감을 탑재하게 됩니다.

이렇게 나의 주관적인 자기 지각, 즉 내가 생각하는 내 실력과 실제 내 실력은 일치하지 않는 경우가 많습니다. 따라서 진짜 전문성을 쌓기 위해서는 자신감이 넘칠 때일수록 혹시 지금 가장 조금 알고 있거나 아니면 잘못 알고 있는 것은 아닌지 자문해볼 필요가 있는 것이지요. 지속적으로 배우고 해당 분야의 전문가로부터 객관적인 피드백을 받아야 함은 물론이고요.

한편 내가 뭘 모를 가능성을 자문해보라는 것이, 이미 많은 경험과 피드백을 거쳐 할 줄 알게 된 것도 모른다고 생각하라는 얘기는 아닙니다. 그보다는 모르는 건 모른다고, 아는 건 안다고 자신의 실력을 '정확하게' 평가하라는 의미지요. 예컨대 회사나 학교에서 어떤 일을 처음 맡게 되었을 때 그 일의 모든 부분을 속속들이 알지는 못하겠지만 할 줄 아는 부분이 분명 있다면 그 부분은 할 수 있다고 하면 됩니다. 그리고 모르는 부분은 함께 일하는 사람에게 도움을 청하면 되지요. 이렇게 하는 게 맞는지, 내가 제대로 이해했는지 계속해서 묻고 확인받는 과정을 거치면 되는 것입니다. 모르는 것도 다 안다고 생각하기보다 모른다고 인정을 해야 비로소 진짜 배움이 시작되니까요.

그나마 가장 쉽게 파악할 수 있는 나의 지식수준이나 실력조차 이렇게 잘못 파악하기 쉽다면, 내가 남과 비교해서 내가 또는 남이 더 우월하거나 열등하다고 생각하는 것은 완전히 착각 또는 거짓말일지도 모릅니다. 애초에 심각하게 받아들일 필요 없는 생각일 수 있다는 거예요.

나는 차별적이지
않다는 착각

여러분은 '요즘 세상에 무슨 차별이 있어!'와 같은 생각을 하
시나요? 하지만 그러한 판단 또한 별로 믿을 게 못 된답니다.
미국에서는 경찰에게 목이 눌려 살해된 조지 플로이드 등 흑
인이라는 이유로 죽임을 당하는 사건들이 수면 위로 올라오
면서 인종차별 문제가 다시금 뜨거워지고 있는데요. 그런 가
운데 '인종차별은 옛날 일'이라거나 '지금은 인종차별이 거의
없고 백인에 대한 역차별이 더 심하다'고 생각하는 백인이 늘

고 있다는 보고가 있었습니다.

'특권을 오래 누리다 보면 평등이 억압처럼 느껴진다'는 말이 있어요. 자신이 누려온 특권을 무시해왔거나 또는 자신은 그들보다 더 나은 대우를 받을 자격이 있다며 차별을 정당화해온 경우 평등을 마주하면 원래 내 것이었던 당연한 권리(특별 대우)를 빼앗긴다는 위협과 억울함을 느끼게 된다는 것입니다.

이렇게 은연중에 차별을 지지하면서도 인종차별이 나쁜 것이라는 인식은 가지고 있어서 자신은 인종차별주의자가 아니라거나 차별을 해놓고도 뻔뻔하게 그건 차별이 아니라고 말하는 사람도 적지 않습니다. 나는 인종차별주의자는 아니지만 흑인은 위험하다거나 유색인과 함께 일하고 싶지는 않다는 말을 아무렇지 않게 하는 사람도 적지 않지요.

하지만 인종차별적인 세상에서 태어난 이상 인종차별주의자가 아닌 사람은 없습니다. 흑인 인권을 위해 싸워온 넬슨 만델라(Nelson Mandela)도 자신이 탄 비행기의 기장이 흑인이라는 사실을 알았을 때 문득 불안한 마음이 들었다고 하는 일화가 있지요. 문화는 공기와 같아서 내가 알든 모르든 나와 항상 함께하며 나의 생활 모든 부분에 끊임없이 개입합니다. 차별 또한 마찬가지예요. 내가 알든 모르든 항상 공기처럼 내 안을 들락날락거리며 나와 함께합니다. 평생을 인권 운동에 바친 넬슨 만델라도 이러한데, 우리 중 차별과 편견에서 완전히 자유로운 사람은 단 한 명도 없을 것입니다.

하지만 안타깝게도 가장 못하는 사람이 자신의 실력을 제일 과대평가하듯, 인종차별 역시 차별 의식이 가장 심한 사람이 자신의 차별적 태도를 가장 과소평가한다는 연구가 있었어요. 즉 가장 심하게 인종차별을 하는 사람이 가장 당당하게 자신은 절대 인종차별주의자가 아니라고 말한다는 것이지요.

앞서 뭘 모를 때는 자신이 뭘 모르는지도 모르기 때문에, 즉 자신의 실력을 제대로 평가할 수 있을 만한 배경 지식이 없기 때문에 본인의 실력을 과대평가하고 마는 더닝-크루거 효과를 살펴봤어요. 지식이 쌓이고 어느 정도 시야가 트이면 내가 뭘 알고 뭘 모르는지를 파악하게 되면서 현실적인 자기 지각

을 갖게 된다고 했지요.

차별 또한 마찬가지입니다. 차별이 무엇인지, 무엇이 차별이고 아닌지에 대한 관심이나 개념이 없고, 차별의 역사에 대한 지식도 부족하며, 차별을 개선할 의지도 없으면 눈앞에 차별을 두고도 그것이 차별인지 모르는 것입니다. 심지어 자신이 차별을 해놓고도 자신은 차별한 적 없다고, 나는 차별주의자가 아니라고 자신 있게 말하기도 합니다. 끊임없이 자기 안의 차별에 대해 성찰한 넬슨 만델라와 정반대의 모습인 것이지요.

더 이상 차별은 없다고, 되레 특권을 누려온 이들에 대한 역차별이 심하다고 하는 말처럼 아직도 차별이 심각함을 잘 보여주는 예시가 없는 것 같습니다. 적어도 나는 차별주의자가 아니라고, 나는 아무런 편견도 가지고 있지 않은 공명정대한 사람이라는 생각이 들수록 어쩌면 차별적인 생각을 가지고 있을 수 있음을 기억해야 합니다.

결국 우리가 할 수 있는 것은 내 판단을 절대적으로 신뢰하는 것이 아니라, 내가 뭘 모르거나 잘못 생각하고 있을 가능성을 항상 염두에 두는 것입니다. 그래야 더 나은 사람이 되는 것이 가능하니까요. 모르는 것은 괜찮습니다. 모르는 것을 모른다고 인정하는 용기가 우리를 바른 길로 이끌어줄 테니까요.

내 삶이 제일
초라하다는 착각

최근 인스타그램, 페이스북, 틱톡과 같은 SNS(Social Network Service)를 사용하는 사람이 많습니다. 한 조사에서는 청소년의 78퍼센트가 최소 1년 이상 SNS를 이용했다고 응답했습니다. SNS는 지역이나 시간의 한계를 넘어 다양한 사람과 소통하고 연결된다는 장점이 있지만, 비교를 부추긴다는 문제도 있는 양날의 검이지요. SNS상에는 내 주변을 넘어 전 세계 수많은 사람의 삶이 전시되어 있기 때문에 그만큼 나와 비교할 대상도 많거든요. SNS에 접속해서 수많은 게시물을 보다 보면 다른 사람이 어떻게 생겼는지, 어떤 환경에서 살아가는지, 무엇을 성취하고 경험하는지, 얼마나 인기가 많은지 등이 눈으로 선명하게 전달돼요. 결국 '다들 행복하고 멋지게 사는 것 같네. 내 인생만 그렇지 않은 것 같아' 하는 생각이 더 자주, 쉽게 들곤 합니다. 괜찮아 보였던 나의 삶이 갑자기 초라해지고 별 볼 일 없는 것 같아져요.

연구에 따르면 SNS를 이용하는 시간이 늘수록 남과 나를 더욱 비교하게 되고 그럴수록 내 삶의 만족도와 행복감이 줄어들며 열등감, 우울함, 외로움, 소외될지도 모른다는 두려움, 불안감 같은 부정적 감정을 느낀다고 합니다. 사람과 소통하기 위해 사용하는 도구를 쓰면 쓸수록 외로워질 수도 있다니 아이러니하죠? 아예 SNS 애플리케이션을 없애거나 계정을 삭제하면 이런 문제를 겪지 않을 수도 있겠지만, SNS를 통해 친구와 관계를 맺고 유지해왔다면 이를 결심하고 실천하는 것은 쉽지 않은 일일 거예요.

그럼 어떻게 해야 SNS를 사용하면서도 남과 나를 덜 비교하고 열등감, 우울함 같은 부정적 감정을 덜 느낄 수 있을까요? 한 연구에서는 참가자에게 평소보다 적은 시간 동안 SNS를 하게 했더니 우울함, 외로움이 훨씬 더 줄어들었다고 합니다. 우선 하루에 SNS를 사용하는 시간을 점점 줄여보세요. 예를 들어 평소 한 시간 동안 SNS를 사용해왔다면 내일은 50분, 그다음 날은 40분만 사용하겠다고 구체적인 목표를 세우고 실천하는 거예요. 혹은 사용 횟수를 기준으로 줄여 나갈 수도 있습니다. 하루에 열 번씩 SNS를 확인했다면 여덟 번, 여섯 번으로 줄여 나가는 거죠. SNS를 즐겁게 하다가도 남과 나를 비교하며 부정적 감정을 느끼는 것 같다면 바로 사용을 중단하고 주의를 다른 곳으로 돌리는 것도 좋은 방법이에요.

SNS에 올라오는 정보가 한쪽으로 치우친 것임을 깨닫는 것도 도움이 됩니다. 내가 SNS에 사진을 올린다고 해봅시다. 여기저기서 여러 장의 사진을 찍고 그중에 가장 잘 나온 사진을 고르지 않나요? 다른 사람도 마찬가지입니다. 가장 반짝거리는 일상의 모습만을 선택해서 SNS에 올리죠. 그런데 SNS 속에서 정신없이 쏟아지는 정보에 파묻혀 있다 보면 이 사실을 쉽게 잊곤 해요. 결국 좋게 포장된 단편적 정보를 가지고 남과 나를 비교하고, 다른 사람의 삶은 행복하고 즐거운 일이 가득한데 내 삶은 그렇지 않다는 결론에 이르게 됩니다. 하지만 사진 몇 장으로 누군가의 삶이 어떻다고 판단하는 것은 다소 경솔한 일이지요.

우리는 나에 대해서는 단점과 고민, 불안과 상처를 익히 알고 있지만, 남에 대해서는 겉으로 보이는 정도만 알고 있습니다. 그러니 타인의 삶은 실제보다 더욱 좋게 평가하고, 내 삶은 실제보다 더 나쁘다고 여기기 쉬워요. 이럴 때는 앞에서 언급했듯 쉽고 편하고 행복하기만 한 인생은 결코 존재하지 않는다는 걸 한 번 더 떠올려보세요. 누구나 부러워할 만한 외모, 돈, 능력 등을 가지고 있다 하더라도 인간이라면 누구나 어려움과 아픔과 고민을 안고 살아가며, 때로는 열등감, 외로움, 우울함 같은 부정적 감정에 휩싸여 괴로워하기도 합니다.

주변 친구들도 나처럼 다른 사람의 사진과 글을 보며 다들 행복한데 나만 불행하다든가 자신이 제일 초라하다는 착각에 빠져 허우적대고 있을지도 모릅니다. 정도는 다르지만 우리는 다들 비교하는 존재이기 때문에 주변 사람의 사진 몇 장을 보

고도 얼마든지 자신을 싫어하게 될 수 있습니다. 이렇게 모두가 자신의 삶이 제일 초라한 것 같다는 착각과 불안을 안고 살아간다는 것을 기억해보세요. 우리는 다들 비교 앞에서 무력한 가여운 존재입니다. 친구들과 함께 이런 이야기를 해보는 것도 좋아요. 아마 다들 "맞아, 나도 이런 불안을 느껴"라면서 금세 맞장구를 칠 거예요. 모두가 자신의 삶을 초라하다고 생각한다면 반대로 그건 누구의 삶도 그다지 초라하지 않다는 이야기가 될 거예요. 모두 자신의 삶에서 반짝이는 모습을 한두 가지씩은 가지고 있을 테고, 물론 그렇지 않은 모습 또한 가지고 있는 것이니까요. 멀리서 보면 인간은 다 거기서 거기라는 것을 잊지 마세요.

또한 워싱턴 주립대학교의 심리학자 크리스토퍼 베리(Christopher Barry)의 연구에 따르면 SNS를 강박적으로 사용하고 불행해지는 데는 다들 아는데 나만 모르고 넘어가는, 중요할지도 모르는 정보나 기회를 '놓치는' 것에 대한 두려움이 한몫을 합니다. 이것을 영어 철자를 줄여서 '포모(FOMO, Fear Of Missing Out) 증후군'이라고 합니다.

포모에는 여러 가지 다양한 작은 두려움이 섞여 있다고 합니다. 도움이 되는 정보나 기회를 얻지 못해서 손해를 보는 것과 다들 아는 화젯거리에서 혼자 소외되는 것에 대한 두려움, 유행과 지식을 따라가지 못하고 뒤처질 것에 대한 두려움 등이 그런 예입니다.

베리의 연구 팀에 따르면 10대의 경우 '친구가 지금 무엇을 하고 있는지 알지 못하면 불안한 마음이 든다', '친구들이 나만 빼고 자기들끼리 재미있게 놀고 있을 때면 마음이 불안해진다'와 같은 생각을 많이 하는 사람이 그렇지 않은 사람에 비해 SNS 피로감이 높은 것으로 나타났어요. 또한 정보나 기회, 관계에서 소외될 것에 대한 두려움이 큰 사람은 SNS를 확인할 때마다 조금씩 더 불행해지는 경향이 있었습니다.

그도 그럴 것이 친구가 지금 무엇을 하고 있는지 전부 다 파악하고 있어야 한다는 완벽주의적 태도로 SNS를 하면 재미를 위해 작성된 글이나 이미지를 봐도 즐겁기는커녕 단순한 정보 수집같이 귀찮은 일을 하는 기분일 것입니다. 가벼운 마음으로 띄엄띄엄 재미있는 것만 골라 보면 재미만 느낄 수도 있을 텐데, 강박이 심한 사람은 각종 시시콜콜한 소식을 다 살펴보며 그 과정에서 비교도 하고 과대 해석도 하는 등 불행을 잔뜩 수집할 가능성이 클 거예요.

하지만 주변 사람이 어떤 생각을 하고 무엇을 하는지 전부 파악하겠다는 목표는 애초에 불가능한 것입니다. SNS로 사람들의 의중을 파악하기란 한낱 인간이 하기에는 지나치게 어려운 과제이기 때문이지요. 서로 얼굴을 마주 보고 있어서 표정이나 목소리 톤같이 감정 상태에 대해 많은 정보를 주는 비언어적 신호가 넘쳐나는 상황에서 눈앞에 있는 사람의 의중을 파악하는 것도 결코 쉬운 일이 아닌데, 하물며 사진 몇 장 가지고 남을 파악하기란 불가능한 일입니다. 우리는 비언어적 신호 없이 아주 짧은 문구나 이미지만으로 상대의 의중을 파악하도록 만들어지지도, 충분히 훈련되지도 않았고요.

그러니 이번에도 제한된 정보를 가지고 마치 내가 다 알 수 있는 것처럼 타인의 삶이 나보다 더 낫다고 판단하고 초라함을 느끼는 쓸모없는 일은 하지 말도록 해요. 어쩌면 '나는 뭘 모르고 그것은 당연한 일이다'라고 속 시원하게 인정하는 것만으로도 열등감의 상당 부분이 해소될지 모릅니다. 애초에 내 판단력 자체가 불완전하므로 내가 내리는 판단(속이 타는 듯한 열등감)은 아무리 고통스럽게 느껴지더라도 얼마든지 가짜일 수 있는 것이지요. 물론 진짜일 수도 있지만 같은 확률로 가짜일 수도 있으니 내 판단을 그만 신뢰하고 그만 신경 쓰자고 생각하는 것이 우리 삶을 자유롭게 만들어줄 거예요.

"나는 뭘 모르고 그것은 당연한 일이다"

우리가 만들어내는 생각에 뭐 그렇게 큰 가치가 있겠어요? 내가 만들어내는 생각에 사로잡혀 불행해하고 내가 만든 생각으로 혼자 상처받을 시간에 차라리 맛있는 것 하나 더 먹고 사진이 아닌 실물 친구와 좋은 시간을 보내기로 해요. 힘들어하는 나에게 내가 좋아하는 아이돌을 많이 보여주는 개인기를 부려봐도 좋고요. 내가 내 머리로 만들어내는 판단은 상당히 불완전하지만, 내가 실제로 하는 '경험'은 착각에서 좀 더 자유로울 때가 많으니까요. 내 안에서 비교와 열등감, 불행이 시작될 때면 초콜릿이나 떡볶이 먹기, 기분이 좋아지는 음악 듣기, 소중한 친구와 대화하기 같은 비장의 카드를 꺼내보도록 합시다. 점점 더 곰곰이 생각에 빠지는 일은 금물이에요. "와, 정말 좋다"라는 말이 절로 나오는 경험을 해보도록 합시다. 인생은 랜선과 내 머릿속의 바깥에 있으니까요.

"친절한 마음이
우리를 구할 거야"

뭘 잘 모르는 우리가 확실하게 잘할 수 있는 가치 있는 일, 확실하게 나와 타인을 행복하게 할 수 있는 방법이라면 역시 '친절'입니다. 서로 따뜻함을 주고받는 경험을 하는 것입니다.

코로나바이러스감염증-19 사태가 시작되던 2020년 봄은 처음 맞는 생소한 바이러스 탓에 많은 사람에게 낯선 일의 연속이었지요. 미국에서는 특히 사재기가 심해서 사회적 약자는 화장지조차 구하기가 쉽지 않았습니다. 노인은 많은 양의 물건을 잔뜩 사서 나를 힘도 없거니와 바이러스에 노출되면 위험도도 훨씬 커서 젊은 자녀가 나이 많은 부모를 위해 슈퍼마켓에 다녀오는 일이 흔해지기 시작했어요. 하지만 모든 노인에게 기꺼이 심부름을 해줄 '가까이 사는 젊은 자녀'가 존재하는 것은 아니지요.

그러던 중 이런 이야기를 들었습니다. 한 여성이 슈퍼마켓에 도착해 주차하던 중 옆에 주차된 차에 앉아 있는 노부부를 보았어요. 처음에는 크게 신경 쓰지 않고 장보기를 끝낸 후 다시 차로 돌아왔다고 해요. 그런데 장보기를 마치기까지 시간이 한참 흘렀는데도 노부부의 차는 그대로 있었고 그분들 또한 그대로 차 안에 앉아 있기만 했지요. 이 여성은 혹시 무슨 일이라도 있나 싶어서 노부부가 탄 차로 다가가 창문을 똑똑 두드렸다고 해요. 노부부의 사연은 이러했습니다. 집에 먹을 것이 다 떨어져서 식료품을 사야 하는데, 혹시라도 감염이 될까 무서워 마트 안에 못 들어가겠다고, 어떻게 하면 좋을지 모르겠다고요. 벌써 세 시간을 주차장에서 도움을 줄 누군가를 기다리던 것이었습니다. 여성은 기꺼이 심부름을 해주었어요.

만약 이 여성이 용기를 내서 무슨 일이냐고 묻지 않았더라면, 이 부부는 몇 시간을 더 기다렸을지 모를 일입니다.

이처럼 한눈에 봐도 도움이 필요할 것 같은 사람뿐 아니라, 어떻게든 씩씩하게 혼자 버텨오던 사람 또한 많은 어려움을 겪고 있었어요. 온라인 강의를 듣는 한 대학생이 공교롭게도 강의와 아르바이트 시간이 겹쳐 한쪽에 강의를 켜놓고 다른 한쪽에서 조금씩 업무를 보고 있었지요. 교수는 이 학생이 다른 일을 하고 있다는 것을 알아채고 그를 콕 집어 수업 시간에는 수업에만 집중하라고 핀잔을 주었어요. 물론 학생도 그러고 싶었지만 문제는 아르바이트를 해야 학비를 벌고 수업을 들을 수 있다는 것이었어요. 팬데믹으로 인해 기존에 하던 아르바이트에서 잘리고 힘들게 구한 일이라 원하는 대로 시간을 조정하는 것이 여의치 않았지요.

물론 수업하는 사람으로서는 듣는 이가 집중하지 않으면 매우 거슬립니다. 하지만 상황이 상황인 만큼 어쩔 수 없는 이유가 있지는 않은지 생각해봤다면, 학생이 크게 상처받는 일은 피할 수 있었을지도 모르는 아쉬움이 남습니다.

살다 보면 이렇게 나도 힘들지만 다른 사람도 나 못지않게 또는 나보다 훨씬 더 힘든 시기를 만납니다. 이럴수록 노부부를 도운 여성처럼 기본적으로 혹시 내 도움이 필요한 사람은 없는지 생각해보는 '친절 마인드'를 장착하면 어떨까 하는 생각이 들었습니다.

한번은 한낮에 땡볕에서 아무런 보호 장구 없이 지나가던 노숙인을 만났습니다. 혹시 도와줄 수 없느냐고 하는 물음에 주머니를 뒤져 작게나마 보탰어요. 요즘 같은 때 마스크도 없이 위험해서 어떡하느냐고, 안전하시길 바란다고 말했습니다. 그러자 그분이 본인의 인생 이야기를 하기 시작했어요. 원래 학교 도서관에서 일했는데 여러 가지 불우한 사건으로 인해 직업을 잃고 이렇게 되었다고 하더라고요. 저 역시 어느 날 갑자기 일을 못 하게 된다면 어떻게 될지 눈앞이 캄캄합니다. 그분과의 차이점이라면 저는 절 돌봐주는 가족과 친구가 있다는 사실을 포함해서 아직까지 과분하게 운이 좋았다는 것뿐이겠지요. 우리는 서로의 안전과 행복을 기원하며 헤어졌습니다.

이해하기 어려운 상황이 닥쳐올 때면 내가 할 수 있는 건 아무엇도 없다는 사실에 무력감을 느낍니다. 하지만 매번 얄궂게도 할 수 있는 것이 제로는 아니어서 여전히 뭐라도 해야겠다는 생각을 하지요. 내가 지금 가진 운이 다해 가장 약한 상태일 때 누가 내게 안부라도 물어주길 바라듯, 쉬지 않고 나 자신에게 안부라도 물어야겠다고 생각합니다. 사람을 죽이는(힘들게 하는) 것은 어려움이 아니라 외로움이기 때문입니다.

실제로 아무리 힘들어도 단 한 사람이라도 진심을 다해 날 위해준다면, 그렇지 않은 경우에 비해 쉽게 쓰러지지 않는 현상이 나타납니다. 예컨대 같은 병에 걸려도 곁에 누군가 있는 사람이 그렇지 않은 사람에 비해 더 예후가 좋고, 똑같이 실직하더라도 곁에서 응원해주는 사람이 있을 때 재취업이 더 빨라지지요.

친밀한 관계만 삶을 지탱해줄 것 같지만 스쳐 지나가는 우연한 친절도 삶을 움직입니다. 지하철에서 처음 본 낯선 이와의 정감 있는 인사 한마디에도 친한 친구를 만난 것처럼 기분이 둥실둥실 좋아진다는 연구 결과가 있습니다. 기존의 수많은 연구를 분석한 결과, 계획적으로 하는 봉사 활동뿐 아니라

우연히 스쳐 지나듯 하는 선행 또한 (때로는 계획적인 봉사보다 더 크게) 행복감과 삶의 의미 찾기 또 자아실현에 긍정적인 영향을 미쳤습니다.

약하고 무력한 인간이지만 작은 손길 하나만 있으면 무한 동력 배터리라도 장착한 듯 다시 살아날 힘을 얻는 것이 또 우리입니다. 그렇기 때문에 거대한 어려움 앞에서도 희망의 끈을 놓지 못하는 걸 거예요. 작은 친절에도 모두가 행복해질 수 있다는 것은 우리가 가진 축복입니다. 여러분이 가는 길마다 그런 작은 친절이 함께하길 기원합니다.

행복은 생각보다
가까이
있어

우리는 하루에도 몇 번씩 일상에서, 미디어나 SNS에서 나보다 더 잘난 수많은 사람들을 보며 '저 사람은 저렇게 잘났는데 나는 왜 이거밖에 안될까' 하는 생각에 사로잡힙니다. 때로는 내 주변의 친구, 가족, 선생님 등이 나서서 누군가와 나를 비교하며 나의 부족함을 지적하기도 하지요. 이렇게 비교하고 비교당하다 보면 수많은 영역에서 끊임없이 나를 누군가와 비교하는 습관을 갖게 되어, 삶에 불필요한 열등감과 불만족을 잔뜩 불러옵니다. 하지만 우리는 이제 이 비교하는 습관과 그 해악에서 어떻게 벗어날 수 있는지 알고 있습니다.

우선 당연한 일처럼 해오던 비교가, 과연 나에게 도움이 되는지를 한 번 더 생각하는 것에서 출발할 수 있지요. '이 비교가 나에게 변화를 위한 동기를 부여해주고 바람직한 행동을 일으켜 나의 성장에 도움을 주는 것일까?' 하고 질문을 던지고 그렇지 않다면 '나에게 괴로움만 주는 비교는 할 필요가 없어' 하고 비교를 중단하는 거예요. 이렇게 비교하는 행동을 의식하고, 비교가 나에게 유익한지 평가하고, 그렇지 않으면 스스로 비교를 멈추는 것만으로도 불필요한 비교로 인한 열등감과 불행을 크게 줄일 수 있습니다.

여기에서 나아가 '비교하는 습관'을 '나를 발견하는 습관'으로 대체할 필요가 있어요. 비교할 때마다 남이 아닌 내가 삶에서 정말로 중요하다고 여기는 가치가 무엇인지, (아주 사소한 것이어도)내가 잘하는 일이 무엇인지, 나를 행복하게 하는 소소한 일과 내 삶에서 감사할 일이 무엇인지 깨닫는 것입니다. 또한 남보다 뛰어나겠다는 목표나 항상 1등을 해야 한다는 완벽주의적인 목표가 아닌, 나의 행복과 건강에 정말로 도움이 되는 목표가 무엇인지를 생각해보는 것이지요. 이렇게 자신의 장점과 특성, 행복과 즐거움, 자신에게 중요한 가치와 목표 등에 대해서 잘 알게 되면 타인을 기준으로 이리저리 흔들리는 삶이 아닌 나를 기준으로 단단히 뿌리 내린 삶을 살아갈 수 있습니다. 자신을 발견하고 이해하는 만큼 단단해질 수 있는 셈이지요.

한편 자기 자비와 자기 돌봄을 실천하면, 비교로 인한 자기 비난을 줄일 수 있습니다. 자기 자비는 세상에 완벽한 사람은 없고 나도 부족한 점이 많은 게 당연하며, 삶은 원래 누구에게나 어렵고 나에게도 예외가 아니라고 여기는 태도입니다. 이런 태도는 '내가 제일 불쌍해'와 같은 자기 연민이나 '난 정말 구제불능이야' 같은 자기 비난에서 벗어나 자신의 단점마저 있는 그대로 받아들이게 합니다. 나의 부족한 점에 괴로워하거나 이를 외면하기보다는 보완하여 앞으로 나아갈 방법을 찾도록 하는 것이지요. 따라서 좌절과 실패를 경험해도 더 탄력적으로 회복할 수 있습니다. 또한 스스로에게 가장 좋은 친구가 해줄 만한 격려와 응원의 말을 들려주며 나를 돌보려고 한다면, 내부나 외부에서 들려오는 가혹한 비교와 평가의 말로부터 나를 지켜낼 수 있습니다.

몇 가지 단편적인 정보를 바탕으로 다른 사람의 삶은 그저 좋기만 할 것이라고 판단하는 초점 착각에서 벗어나 누구에게나 아픔이 있다는 사실을 깨닫는다면, 타인에 대한 시기와 질투에도 휘둘리지 않을 수 있습니다. 다른 사람을 경쟁 대상이 아닌 나름대로의 어려움을 가지고 이 힘든 세상을 함께 살아가는 존재로 여기며 타인의 행복과 안녕을 바라보세요. 그리고 그것을 작은 친절로 실천한다면 타인의 행복이 곧 나의 행복이 되어 돌아올 거예요.

우리는 행복이 좋은 대학이나 좋은 직장에 들어가는 등 그럴듯한 목표를 달성했을 때 얻을 수 있는 먼 미래의 열매라고 생각하는 경향이 있습니다. 좋은 옷, 좋은 차, 좋은 집처럼 물질적인 요소를 충분히 가지면 행복해질 거라고 믿기도 하지요. 하지만 물질적인 것보다 행복에 더 중요한 것은, 비교하는 버릇처럼 내 삶에 괜한 불행을 불러들이는 습관에서 벗어나 행복으로 가는 습관을 장착하는 것입니다. 앞서 말했듯 인간의 훌륭한 능력 중 하나인 자아의 기능을 활용해서 유익하지 않은 불필요한 비교를 멈추고, 내 삶에서 진정으로 이루고 싶은 일이나 내가 잘할 수 있는 일, 내가 좋아하는 일을 찾아서

해보세요. 또 일상 속 감사한 일과 소소한 즐거움을 충분히 음미하고, 스스로 자신에게 가장 좋은 친구가 되어주며, 나와 타인에게 너그러워져보세요. 이런 행복 습관을 매일 조금씩 내면화한다면 행복은 어느새 내 옆에 다가와 있을 것입니다.

수많은 정보 속에서 하루하루 바쁘게 살아가다 보면 비교하는 습관이 되살아나 다시 또 열등감과 자기 비난, 시기와 질투에 빠져 괴로워하게 될지도 모릅니다. 때로는 예상치 못한 어려운 일이 생겨 주저앉아서 울고 싶을 때도 있겠지요. 행복은 먼 나라 얘기처럼 느껴지고, 다른 사람은 다 잘사는 것 같은데 내 인생만 실패작 같을 때도 있을 겁니다. 하지만 그럴 때 우리가 배운 행복의 비결을 다시 떠올린다면, 그리고 다시 한번 차근차근 실천해보려고 한다면 그런 어려움으로부터 나를 천천히 일으켜 세울 수 있을 거예요.

잊지 마세요. 우리 안에는 삶에서 겪는 크고 작은 불행과 괴로움을 이겨내고 행복을 맞이할 수 있는 힘이 있습니다.

Part 2: 특별해야 사랑받을까?

뒤처지지 않으면 행복해질까?

Cowie, M. E., Nealis, L. J., Sherry, S. B., Hewitt, P. L., & Flett, G. L. (2018). Perfectionism and academic difficulties in graduate students: Testing incremental prediction and gender moderation. Personality and Individual Differences, 123. 223-228.

Muradoglu, M., Horne, Z., Hammond, M., Leslie, S. J., &Cimpian, A. (2020). Women—particularly underrepresented minority women—and early-career academics feel like impostors in fields that value brilliance. Journal of Educational Psychology. https://doi.org/10.1037/edu0000669

Suls, J., Martin, R., & Wheeler, L. (2002). Social comparison: Why, with whom, and with what effect? Current Directions in Psychological Science, 11. 159-163.

Part 3: 다른 사람이 나보다 못하면 행복해질까?

다른 사람이 나보다 못하면 행복해질까?

Buunk, B. P., Collins, R. L., Taylor, S. E., VanYperen, N. W., & Dakof, G. A. (1990). The affective consequences of social comparison: Either direction has its ups and downs. Journal of Personality and Social Psychology, 59. 1238-1249.

Fiske, S. T. (2010). Envy up, scorn down: How comparison divides us. American Psychologist, 65. 698-706.

Gentile, D. A., Sweet, D. M., & He, L. (2020). Caring for others cares for the self: An experimental test of brief downward social comparison, loving-kindness, and interconnectedness contemplations. Journal of Happiness Studies, 21. 765-778.

열등감 안아주기 3)

Van Dijk, W. W., van Koningsbruggen, G. M., Ouwerkerk, J. W., & Wesseling, Y. M. (2011). Self-esteem, self-affirmation, and schaden-freude. Emotion, 11., 1445-1449.

열등감 안아주기 4)

Behler, A. M. C., Wall, C. S. J., Bos, A., & Green, J. D. (2020). To help or not to help?: Assessing the impact of envy on prosocial and antisocial behaviors. Personality and Social Psychology Bulletin, 46. 1156-1168.

열등감 안아주기 5)

Hill, C. L., & Updegraff, J. A. (2012). Mindfulness and its relationship to emotional regulation. Emotion, 12. 81-90.

Part 4: 실망시켜도 괜찮아요

실망시키는 것에 거리낌 없는 사람이 되자

Gilbert, P., McEwan, K., Matos, M., & Rivis, A. (2011). Fears of compassion: Development of three self-report measures. Psychology and Psychotherapy: Theory, Research and Practice, 84. 239-255.

Messman-Moore, T. L., & Bhuptani, P. H. (2020). Self-compassion and

Fear of Self-compassion: Mechanisms Underlying the Link be-
tween Child Maltreatment Severity and Psychological Distress
in College Women. Mindfulness. 1-14.

Mikulincer, M., Shaver, P. R., Sapir-Lavid, Y., & Avihou-Kanza, N. (2009).
What's inside the minds of securely and insecurely attached
people? The secure-base script and its associations with at-
tachment-style dimensions. Journal of Personality and Social
Psychology, 97. 615-633.

Shaver, P. R., Mikulincer, M., Sahdra, B. K., & Gross, J. T. (2016). Attach-
ment security as a foundation for kindness towards self and
others. In K. W. Brown & M. R. Leary (Eds.), The Oxford hand-
book of hypo-egoic phenomena. New York, NY: Oxford Uni-
versity Press. 223-242.

Part 5: 아무도 특별하지 않습니다

일단 여기까지

"Today's The Official Day To Ditch Your Stupid Resolutions." https://
www.refinery29.com/en-us/2020/01/9220491/ditch-resolu-
tions-day-2020.

Dunkley, D. M., Zuroff, D. C., & Blankstein, K. R. (2003). Self-critical
perfectionism and daily affect: dispositional and situational in-
fluences on stress and coping. Journal of Personality and Social

Psychology, 84. 234-252.

Leary, M. R., Tate, E. B., Adams, C. E., Batts Allen, A., & Hancock, J. (2007). Self-compassion and reactions to unpleasant self-relevant events: The implications of treating oneself kindly. Journal of Personality and Social Psychology, 92. 887-904.

Neff, K. D., Kirkpatrick, K. L., & Rude, S. S. (2007). Self-compassion and adaptive psychological functioning. Journal of Research in Personality, 41. 139-154.

Tangney, J. P., & Fischer, K. W. (Eds.). (1995). Self-conscious emotions: The psychology of shame, guilt, embarrassment, and pride. Guilford Press.

Part 6: 모른다는 것, 인정하자고요!

우리는 내가 뭘 모른다는 사실조차 모른다

Dunning, D. (2011). The Dunning-Kruger effect: On being ignorant of one's own ignorance. In Advances in experimental social psychology. Vol. 44. San Diego, CA: Elsevier. 247-296.

나는 차별적이지 않다는 착각

West, K., & Eaton, A. A. (2019). Prejudiced and unaware of it: Evidence for the Dunning-Kruger model in the domains of racism and sexism. Personality and Individual Differences, 146. 111-119.

"친절한 마음이 우리를 구할 거야"

Cohen, S. (1988). Psychosocial models of the role of social support in the etiology of physical disease. Health Psychology, 7. 269-297.

Hui, P. H. (2020, July 27). Rewards of Kindness? A Meta-Analysis of the Link between Prosociality and Well-being. Retrieved from osf. io/2ecvp.